江　西　文　化　符　号　丛　书

江西文化符号

江西文化符号

江 西 文 化 符 号 丛 书

理学文化

LIXUE
WENHUA

常 耕 徐公喜 / 著

江西人民出版社
江西美术出版社

江西·南昌

江西文化符号

出版前言

江西“物华天宝”“人杰地灵”“雄州雾列，俊采星驰”，是人文渊薮之地，文章节义之邦。

在历史的眷顾中，文明与智慧在这片古老而富饶的土地上激荡、交融、沉淀、升华，孕育了兼容并蓄、海纳百川、多元特质的江西文化，涌现出辉映史册的杰出人物，积淀了弥足珍贵的人文资源。在整个中华民族的文明史上，江西文化浓墨重彩、影响深远。宋明时期，全盛的江西文化更是成为中华民族文化的结晶和代表。新民主主义革命时期，江西是全国苏维埃运动的中心区域，成为中国革命胜利前进的伟大基地，红色文化璀璨辉煌。这些具有独特魅力的江西文化散发出馥郁的芬芳，蕴含着温润的力量，氤氲在历史的光阴中，汇聚在时代的大潮中，滋润着广袤的赣鄱大地，滋养着广大的江西儿女。

“文化是一个国家、一个民族的灵魂。”为了深入贯彻习近平新时代中国特色社会主义思想，特别是习近平总书记关于文化建设的重要论述，中共江西省委、省政府把文化强省作为重大战略，出台了《关于加快文化强省建设的实施意见》，明确提出到2025年，江西要建设成为在全国具有较大影响的文化强省。《江西文化符号丛书》的出版正是中共江西省委宣传部深入学习习近平新时代中国特色社会主义思想，贯彻落实党的二十大会议精神，推动文化强省建设的一项具体行动。

我们策划出版这套《江西文化符号丛书》的初衷，就是力图将江西符号与江西形象、文化自信和文化思考，一起熔冶进书中，通过底蕴深厚的文字与精美个性的画面，带领人们理解江西文化的内涵，感知江西文化的灵魂，借以给人们梳理出一个清晰的文化发展脉络，提供一个宽敞的文化游历空间，架构一座理解传统文化与先人智慧的桥梁，活化一种历史记忆和时代精神的生动传承。

《江西文化符号丛书》的出版是一项系统工程。丛书选取了相对立体的涵盖江西特色文化基本面的12种文化作为第一辑，已于2021年4月出版，即《红色文化》《山水文化》《陶瓷文化》《书院文化》《戏曲文化》《农耕文化》《商业文化》《中医药文化》8种特色文化，以及《临川文化》《庐陵文化》《豫章文化》《客家文化》4种地域文化。在此基础上我们又梳理出《青铜文化》《古村文化》

《科举文化》《理学文化》《佛禅文化》《道教文化》《书画文化》《赣菜文化》《茶文化》9 种特色文化，以及《饶信文化》《袁州文化》《浔阳文化》3 种地域文化，共 12 种，作为第二辑出版。这些都是在江西历史上经过时间检验，已经形成广泛影响，并在较大范围内获得公认的文化成就和文化现象，它们是一道光、一条路，引导人们向光而行，不断续写新的华章。

我们在编撰工作中紧紧围绕“正”“专”“新”“特”“精”“美”来精耕细作。“正”，是指传播正能量，把好政治导向关；“专”，是指既要雅俗共赏、通俗易懂，又要体现学术层面的专业性和权威性；“新”，是指所选内容，不但要注重文化源远流长的历史和发展特征，更要延伸这种文化的美好前景及其在当下生生不息的生命力；“特”，是指文化内容一定要选取最有特质、最有代表性的符号来讲述；“精”，是指选材精、表述精、制作精，以打造精品图书的标准来组织实施；“美”，是指图文并茂，精美雅致，让读者沉浸在美景美物的故事和文化意境中，怦然心动，产生共鸣。

丛书的出版得到了领导和有关方面的高度重视和关心支持。中共江西省委常委、省委宣传部部长庄兆林同志对丛书的编撰亲自部署、具体指导。时任中共江西省委常委、省委宣传部部长施小琳同志，时任江西省人大常委会党组副书记、副主任朱虹同志，中共江西省委宣传部老领导刘上洋、姚亚平同志对丛书的编撰出版给予了悉心的指导。在丛书配图方面，江西省各设区市委宣传部以及江西画报社提供了有力的支持。在书稿审读过程中，中共江西省委党史研究室、江西省社会科学院、江西省文学艺术界联合会、江西省民族宗教事务局、江西省博物馆等众多单位以及南昌大学、江西师范大学等众多高校的专家学者提供了学术上的指导。丛书各册的作者克服了诸多困难，在相对较短的时间内，精心构建框架，广泛搜集资料，创新表达方式，倾情进行写作，为丛书的顺利出版付出了艰苦的努力、巨大的心力。丛书还参考了一些研究成果和图片资料，使用了省内部分摄影家的作品。在此，我们谨向所有支持、帮助过该丛书出版的领导、专家、学者致以衷心的感谢！

限于时间相对匆促，在编撰出版过程中，难免存在缺憾和不足，敬请广大读者批评指正！

丛书编委会

2023 年 1 月

目录

CONTENTS

江西文化
符号丛书

第三章

南宋江西理学

第四章

元代江西理学

第五章

明代江西理学

第六章

清代江西理学

导言

一般认为，中国哲学史上有两个最繁荣的时代，一个是先秦哲学时代，一个是宋明哲学时代。宋明时期是中国历史上哲学思想家出现最多、思想水平最高的时代，所以研究宋明哲学对了解中国哲学的整体有特别重要的意义。宋、元、明时代的理学是儒家哲学，它是先秦时代儒家思想的新发展。不过也应指出，理学虽明确声明它自觉承继了从孔子到孟子的先秦儒家思想，但实际上理学思想体系中也扬弃了经学、玄学、佛学及道教的思想。理学能够在宋以后获得这样的发展，正是因为它站在儒家的立场上，批判地吸取了不同思想的营养。

宋明理学是指宋明时期占主导地位的儒家思想形态，其体系中主要有两大派，一派为“理学”，一派为“心学”。因此，理学有广、狭两种含义：广义的理学是宋明时期占主导地位的儒家思想体系的统称，如“宋明理学”的用法；狭义的理学则专指与陆王“心学”相对的程朱派“理学”。

宋代的理学代表人物及其学术，在历史上习惯用四个地域的名称加以概括，即濂、洛、关、闽。其中，濂学指周敦颐的思想，洛学指二程（程颢、程颐兄弟）学派，关学指张载及其门人的学派，闽学指朱熹学派。濂、洛、关、闽只是宋代理学的主流派，即当时所谓的“道学”。南宋时，与朱熹思想并立的还有陆九渊，以朱、陆并称。据元代的郑玉说，朱熹称陆九渊之学为江西之学，陆九渊称朱子学为江东之学，这里的江西、江东是地域的名称。

不过，濂、洛、关、闽的说法并不代表宋代理学的地理分布，而只是指出宋代道学的主要发展线索。在历史上，出于政治、经济、文化等各种原因，宋明理学的发展在地理分布上始终是不平衡的。从整个宋明理学的发展来看，道学在宋代的创立、兴起主要是在北方的中原地区，其中心是二程的伊洛之学。南宋时，理学的发展、壮大则基本在南方，如闽、浙、赣、湘，其代表为福建杨时与湖南胡宏这两个学派，后汇集为朱子学。元代北方的理学开始发展，如以许衡为代表的理学流派，但比较起来，南方以吴澄为代表的理学流派传承有自，基础深厚，群体更广，思考也更为细致深入。明代前期理学的发展北方较突出，如曹端、薛瑄；而南方与薛瑄同时的吴与弼亦讲伊洛之学，其门下陈献章渐入精微。至王阳明出，其良知之学成为明中后期的主流，而阳明学的发展虽遍及大江南北，但主要还是在南方。由此观之，在整个宋明理学的发展中，长江流域以南的各地扮演了更为积极的角色，这与整个中国文化重心的改变是一致的。

如福建，北宋时儒学发展较少，南渡以后，杨时传伊洛之学，三传而有朱子，福建的理学发展达到了高峰；但元代和明代的福建，理学发展皆不突出。再如湖南，南宋时理学相当发达，但元明两代，其理学发展亦不甚突出。浙江在宋时理学的士人群体相当广泛，但罕见一流的理学大家，且浙江宋代儒学之中，其浙学似更胜于理学。明代理学在浙江大盛，从王阳明到刘蕺山（刘宗周），大家辈出，但朱子学在明代的浙江甚少发展。

比较起来，在南方各地之间，江西的地位格外突出。与福建、湖南不同，江西理学不仅宋代突出，元代、明代也都很发达；而又与浙江不同，元明以来江西理学、心学皆并行发展。江西的理学大家历代有人，南宋陆九渊与朱子齐名，在历史上是“江西之学”的代表，吴澄为元代理学最有成就的学者。他们都是江西抚州人，江西在宋元理学的地位由此可见。明代吴与弼亦为抚州人，一人开南方理学二门，其弟子胡居仁与后来的罗钦顺为明代中期朱子学的主要代表，而胡、罗二人亦皆江西人。另一个弟子陈献章下开王阳明之学，风行海内，直至明末。陈献章、王阳明虽非江西人，然而王阳明的良知之学发于江西，江右王学是王门后学的大宗，江西是王学后来发展的中心之一。所以，我们可以毫不夸张地说，明代王学的发展，江右绝不让于浙江。

由以上所述可见，若说江西是宋、元、明时代理学发展最重要的地区，当亦不为过。

陈　来

第一章 江西理学的萌生

JIANGXI LIXUE DE
MENGSHENG

自宋以来，江西文坛崛起，理学开源，名贤辈出，成就卓著。大批文学家、思想家、政治家脱颖而出，闪耀于星空；大批江西士子登科，进入仕途；中国思想史上影响一个时代的理论体系——理学，也在这块土地上萌芽。

江西理学文化是中国理学文化的重要组成部分，甚至是非常核心的部分，更是江西历史文化的高峰与典型代表。

江西地处吴头楚尾，早期江西是中原正统儒学文化的边缘地，在地方特色文化的基础上，融合了中原文化和边缘地域文化，掀开了中国学术史上的辉煌一页。江西文化名人乐于兴办书院，有“江西书院甲天下”之说；而书院教育的隆盛，带来了一个时代的人才之盛。众多文化代表人物及文化泰斗都出自江西，如欧阳修、王安石、黄庭坚、杨万里、朱熹等。佛教禅宗中的诸多宗派都以江西为基地，形成气候，再扩展至其他地域。同时，江西是中国的道教文化大省，底蕴深厚。佛教与道教的广泛传播，为宋代理学的发源提供了理论基础。

一、江西是宋明理学的萌生地

理学在宋代称道学，它是传统儒学发展的新阶段。元人编《宋史》，专立《道学传》，将孟子以下“千有余载”“没而无传”的儒学下接于宋代理学。

宋代理学由欧阳修发端，李觏、周敦颐、邵雍、张载、王安石、程颢、程颐赓续，最终由朱熹发扬光大。欧阳修是宋代理学先驱者之一，被称为“濂、洛之前茅”，李觏、刘敞、王安石、曾巩都出自他的门下。李觏是我国具有朴素辩证唯物主义思想的著名哲学家，他撰写的《富国强兵三十策》《庆历民言》被后人誉为“医国之书”，他成为宋代理学发展的重要一环。理学开山周敦颐，湖南道县人，后世称其学为“濂学”。《四库全书总目》评价周敦颐作《太极图》《通书》“有功于学者甚大”。邵雍，字尧夫，谥“康节”，所作《皇极经世》自成体系，使易学的研究在象数学方面达到了一个新的高度。陕西长安（属关中）人张载，字子厚，号横渠，创立“关学”。王安石以《三经新义》《字说》为文本提倡“新学”，在神宗时期“新学”取得官学化地位，一度成为显学。程颢、程颐两兄弟为河南洛阳人，世称“二程”。因程颢、程颐长期在河南洛阳一带讲学，其所创理学学派被称为“洛学”。至南宋，朱熹光大二程之学，成为理学集大成者，因朱熹生于闽，长于闽，后世遂称其学为“闽学”。自宋以后，学术界都是以濂、洛、关、闽诸儒接孔孟之真传，以周、二程、张、朱五子为理学宗主。由此，濂、洛、关、闽四派之学成为理学的代名词。

乍看起来，濂、洛、关、闽四大理学流派与江西的关系都不密切，说江西为理学开源地，似乎相隔甚远，其实不然。周敦颐虽不是江西人，然而他一生的主要活动和重要思想的形成都在江西。他 24 岁任洪州分宁县（今江西修水）主簿，历 4 年调任南安军司理参军，38 岁以大理寺丞知洪州南昌县（今属江西南昌），45 岁任国子博士，通判虔州（今江西赣州）。晚年，周敦颐任职九江，定居在庐山莲花峰下，筑书堂讲学，因堂前有溪流，于是以“濂溪”二字为书堂命名，世人称其“濂溪先生”，其学也被称为“濂学”。濂溪的“濂”，本无此字，是周敦颐用廉洁的“廉”字，加上“水”的偏旁，创造了一个新字，仍然保留“廉”的含义，表达了周敦颐对于“至廉”“清尚”“廉士”的追求。

二程之学虽不成于江西，但二人在江西师从周敦颐，

深受周敦颐动静阴阳、孔颜乐处、观物气象等思想的影响。庆历五年（1045），周敦颐任南安军司理参军。第二年，二程父亲程珦调任南安军通判，与周敦颐交往后，非常钦佩周敦颐的人品与学识，让他的两个儿子拜周敦颐为师。正是在周敦颐的指导下，二程发挥所学，逐渐成为一代理学宗师。为此，南宋末期在二程求学之地建有“周程书院”，宋理宗赐匾“道源书院”，视南安为“道学发源之地”。其后，杨时、朱熹、张九成、陈献章、王阳明、罗洪先等理学家都过化赣南。尤其是明代中前期，王阳明以巡抚身份治理南赣，著书立说，创立阳明心学，最后病逝于大余青龙铺。宋明之际，南赣人士有“悉重理学”风尚，反映了宋明理

鹅湖书院

学对南赣的深刻影响。

朱熹是宋代理学的集大成者，也是中国文化史上著名思想家之一。朱熹之学，源于二程。二程传学于杨时，杨时将所学传给罗从彦，罗从彦传李侗，李侗传朱熹。虽然朱熹生于福建、长于福建，其学术思想被称为“闽学”，但朱熹与江西有着密切联系。朱熹的祖籍为徽州府婺源县（今江西婺源），朱熹又曾在江西做官，在江西过化存神，授徒讲学，成就了理学。在婺源，朱熹两次回乡省亲扫墓，重修祖墓，留下了文公山 24 株杉木，考订了族谱，讲学教化；在豫章（今江西南昌），朱熹祭悼张栻的父亲张浚，并一同护灵至丰城，与张栻结下深厚友谊，这才有了之后

婺源文公山

的岳麓书院“朱张之会”，有其“新旧中和”学说的转变；在铅山，朱熹与金溪二陆（陆九龄、陆九渊）展开了鹅湖之辩，开创了中国学术史上的会讲之风，发展了其尊德性、道问学的思想；在玉山，朱熹应邀在书院讲学，留下了其晚年定论《玉山讲义》；在余干东山书院，朱熹与赵汝愚交往，成为“庆元党首”，留下了《楚辞集注》。朱熹曾 16 次往返于上饶，3 次从江西中部穿行，为江西文化发展做出了巨大贡献。

在濂、洛、关、闽四大理学流派之中，只有关学张载与江西关系稍远。此外，江西还有来自金溪的陆九渊之学。陆九渊曾在贵溪象山建书院聚徒讲学，故号象山，世称象山先生、陆象山，后人称为“陆子”，其学术就是“江西之学”（或称“陆学”“象山心学”）。陆九渊是著名的理学家和教育家，与理学家朱熹并称为“朱陆”，成为宋明心学的开山鼻祖。象山心学历经其弟子傅子云、傅梦泉、邓约礼、杨简等人的发挥，传于元代赵偕、祝蕃、李存等，再经明代陈献章、湛若水的发展，最后由王阳明集大成，形成了中国思想史上著名的“陆王学派”，对中国文化产生深远影响。

从理学产生、发展与昌盛的历史过程可以看到，江西虽非唯一的理学发源中心，但确实是理学的发源地、核心地带。

二、江西理学萌生的历史条件

宋代兴起的理学，是中国传统儒学在吸收佛、道思辨哲学理论和宇宙生成模式，以及人生佛性观念后构建起来的新的思想体系。张立文先生曾高度评价：宋明理学家以“为天地立心，为生民立命，为往圣继绝学，为万世开太平”为职志；以建构伦理价值本体，建造安身立命的精神家园为标的；以格物致知、修养心性、自立自律、存理去欲为工夫。他们是当时的社会脊梁，是社会良知的担当者，是价值理想的创造者。理学作为一个新的思想体系不可能凭空出现，它需要萌芽的空气和水分，需要生长和发育的土壤。而唐宋以来的江西，就具有这样的空气、水分和土壤。

第一，宋代江西人文地理为理学萌生提供了外部条件。

江西地形南窄北宽，整个地势亦南高北低，由周边向中心缓缓倾斜，形成一个以鄱阳湖平原为底部的不对称的巨大盆地。江西三面环山，一面临水，呈向北方开放的盆地状。边缘山地遍布于省境周围，东部是武夷山，西边是幕阜山，南面是五岭，只有北面与长江相通，构成省际天然界线和分水岭，而中南部丘陵是位于边缘山地内侧的广大地区。江西自古即是富庶之地，长期被赞誉“物华天宝”“人杰地灵”。

江西的历史发展源远流长。春秋战国时代，江西先后隶属吴楚，故有“吴头楚尾”之称。秦时江西为九江郡地，开辟了通向岭南和闽越的通道，使五岭以南广大地区纳入秦始皇统一的范围中。到两汉之际，江西北部已经成为重要的经济和交通中心，南昌、九江开始成为江西的政治中心。随着西晋末年历史上第一次大规模的人口南迁，中原文化对江西的影响逐渐增强，带来了北方先进的耕作技术与文化。至南朝时，江西已有大量粮食东运，成为当时粮食主要供应地之一。但直至隋以前，江西与中原的政治、文化中心仍保持一定的距离。正是在这样优越的地理位置与境内良好的自然条件之下，江西百姓比较安于现状，本土文化发展得相对缓慢。江西文化留存了非常明显的正统思想观念，很容易接受正统理论思想的熏陶，而且节义之志突出，有洪皓、文天祥、谢枋得等一大批节义志士。

江西处于联结中原地区与岭南地区交通干线的中段，唐代开辟了穿越大庾岭南达广州的驿道，以及北上经长江水运可辗转抵达长安的贸易路线，北方的长安、洛阳、开封或北京、通州，经黄河、京杭大运河、长江，都能到达赣江。江西的九江、南昌、吉安、赣州，都处在这条南北主要交通线上，其中南昌、九江成为商旅汇聚的繁华都邑，昌南（今江西景德镇）瓷器、浮梁茶叶成为著名商品。南宋时期，江西又是东西交通的要冲，临安（今浙江杭州）与湖南、广西乃至四川各地的联系，在江西境内主要是通过信江、袁水的航运。北宋时江西商品经济就比较繁荣，江南西路作为供给京师（汴京，今河南开封）粮食的主要省区，茶叶产量也居全国各路之首，铜产业以及陶瓷产业发展更是进入繁荣时期，永平铜场、景德镇瓷窑都是重要的经济产出地。南宋从各地调运到临安的大米为 600 万石，江西占全部份额的 1/3。唐宋之际，江西成为全国的交通枢纽之一，其交通条件的改善和交通地位的上升，既有利于经济的发展，又有利于对外交往和文化交流，为本土文化与其他地域文化的交融创造了便利的条件。

唐宋以来，国家政治经济重心逐渐南移，促使江西得到进一步发展，为赣地文化的勃兴奠定了基础。江西文化根源于中原文化，又融合了其他地域文化，如楚文化、吴越文化、岭南文化都不同程度地影响着江西，从而出现了庐陵文化、临川文化、赣南客家文化、浔阳文化、豫章文化、袁州文化等兼容并蓄且风格独具的地方文化系统。

经济的繁荣必然带来教育的繁荣。宋代江西文坛崛起，一个重要的原因就是兴办教育，尤其是书院教育。古代书院教育在我国教育发展史上占有重要地位，它肇始于唐代，在江西发展尤其迅速。创建于814年的桂岩书院，就是江西书院史上最早的书院。宋时所设的书院，几乎全部分布在长江中下游的江、浙、闽、赣、荆、湘等地区。据清雍正《江西通志·书院》统计，江西共有书院368所，其中唐代5所，南唐2所，宋代131所，元代36所，明代166所，清代28所。

在江西的书院中，除白鹿洞书院、象山书院、鹅湖书院外，唐代的东佳书院，五代的华林书院，宋代的盱江书院、濂溪书院、东湖书院、白鹭洲书院，元代的慈湖书院，明代的康斋书院、石洞书院、青原会馆（阳明书院前身）、正学书院、仁文书院，直至清代初年的程山学舍与清末的经训书院，皆在中国书院史上占有一席之地。

书院是一个教育场所，又是学者探讨学术的地方，学术研究和教育相结合是书院最突出的特点。鹅湖书院、白鹿洞书院、象山书院都曾经是著名的学辩之地，而德安陈氏的东佳书院，宋时更成为学术交流中心，“江南名士皆肄业于其家”。通过书院，各种思想学说得到融合与发展，书院成为理学不同学术流派争鸣的阵地，这就使江西思想文化具有很强的包容性、广泛性和交叉性。

除书院教育外，江西的地方官学也比较普及。据统计，宋代江西各州县都设有学校，州县学共计81所。多形式兴教使江西文化普及程度相当高，教育勇于争先，与其他地

白鹭洲书院（宋靖　摄）

西江杏壇
陽明書院

恢复重建的阳明书院

域大不相同。所以，朱熹就认为“江西士风，好为奇论，耻以人同，每以立异取胜”。同时，宋代江西文化教育的普及，使读书的人多了，参加科举考试的士子自然也多了。仅宋代，江西就有进士 5000 余人，状元 12 人。无论在隋唐时期还是两宋之际，儒家经典在科举考试中的核心地位始终没有动摇，所以参加科举考试必须精通儒学思想。在这个指挥棒下，“东南之士，莫不以仁义礼乐为学”，儒学思想成为教育与科举的重要内容，而理学也通过带有儒学思想的教育得到了养分。

第二，江西释老之学为理学的形成提供了重要理论。

宋明理学的核心是心性之学，心性论在宋明理学的范畴和理论体系中占有十分重要的地位。而佛学和道家所提倡的人性论、心说等思想对宋明理学的形成产生了影响，成为宋明理学的思想渊源之一。

佛学在中国的传播，很快就与中国传统文化相融合，不断生根开花。在经过与中国传统文化的矛盾冲突以及理论上的自我调整后，佛学逐渐成为具有中国特色的宗派理论。

宋明理学的产生与发展，与佛教有着密切联系。从陆九渊的“心即理”“心外无理”“发明本心”等理论中，我们可以清楚地看出其中的佛学渊源。

佛教禅宗在江西的传播，对理学之经学发展有着积极影响。唐宋以来的知识分子，总体上都是出入于佛老的。早在唐代，韩愈、李翱已露其端。李翱著《复性书》来诠释孔孟性论，显然吸收了佛教“性”义之说。韩愈依据佛教之法统建立了儒家之道统，并借助佛教义理创立了儒家心性学说。正是在韩愈辟佛思想的影响下，宋明理学开始对作为异质文化的佛教思想进行改造和吸收，形成了系统的理学思想。宋代理学家接受佛学的影响更为明显。被奉为理学开山鼻祖的周敦颐，他的著名散文《爱莲说》，盛赞莲花出淤泥而不染的本洁之性，以及他在《通书》中大力提倡的“主静”说等，都十分明显地受到佛学影响。程颐为其兄作《明道先生行状》，说程颢“出入于老释者几十年”，他自己也同样精研佛理。程朱理学着重发挥的“体用一源，显微无间”“理一分殊”等思想都出自佛学理论。我们细读《朱子语类》，即可见朱熹对佛学的广泛吸纳。

宋明理学被称为心性之学，深受道家所提倡的自然人性论的影响。如庄子提出以生之质为性的自然人性论，嵇康“越名教而任自然”的思想，便对宋明理学心性论影响很大。

唐代以后，中国文化史上出现了儒释道交融的景况，不仅理学家融摄佛道，如周敦颐的主要著作《太极图》实源于道教练气化神的《太极先天图》，释道也融儒入佛、融儒入道。全真教便特别强调儒释道交融，竭力和会儒学，其学说具有浓厚的理学意味。

第三，中原思想南渐为理学传播充实了力量。

中国历史上曾出现过 5 次人口大迁移，其中元以前就有 3 次。第一次人口大迁移发生于西晋末年，当时由于“永嘉之乱”，大量中原汉人为避战乱而南迁。第二次人口大迁移始于“安史之乱”及以后陆续发生的藩镇之战时期。“安史之乱”时，江西基本上没有遭受战祸，社会经济仍正常发展，时人称赞洪州治“既完且富，行者如归”，江西成为中原人民的迁徙地。第三次人口大迁移出现于宋代，金国入侵,宋室南迁。江南西路在崇宁年间有户数 1467289 户，南渡后户数增为 1891392 户，增长 28.9%。江西许多名人的先祖都是北方籍，如南宋名相周必大的祖籍是河南郑州管城区，后来其祖秦公任吉州通判时因战乱不能北归，因此客居江西吉州。杨万里远祖为汉太尉杨震，南唐时其六世祖杨辂任职江西，从而定居吉水县。文天祥的远祖是汉蜀郡太守文翁，原为安徽人，文翁后人文时在后唐庄宗同光三年（925）镇守江西，后因避乱，举家迁至江西吉州。

宋时这些南渡流寓之人中，自然不乏文化精英，大量具有理学思想的学者也随之南迁，如思想家赵鼎、尹焞、胡安国、朱震、郭雍、吕本中、焦瑗、赵蕃，文学家陈与义、李清照、辛弃疾、朱敦儒等。同时，大批京官被贬谪流放到南方各地，如丁谓、苏轼、苏辙、黄庭坚、刘恕、范祖禹等。他们在途经之地与栖身之地，开设学馆，创办书院，

吉安文天祥纪念馆

讲学明道，培养生徒，对文化的发展起着重要的推动作用。因此，中原士民大量涌入，文化精英往南迁移，为中原文化南进与江西文化繁荣提供了难得的历史机缘。江西理学的形成与发展也备受中原理学思想南渐的影响。

总体来说，南方理学由“北方而盛行于南国”，如朱熹之学发展、演变而成朱子学。转变的具体过程是杨时南渡时传播洛学于福建，朱熹将其继承和发展。象山心学虽自立于家塾，但是其学说的形成仍与北方籍许忻有很密切的联系。许忻因得罪秦桧而避居江西抚州，陆九渊的五哥陆九龄师从许忻。朱熹曾提及北方籍学者吕广问、吕和问和罗靖仲等人寄寓江西，当地学子亦受其学。北方思想家与南方理学家互为师友，相互交流，共同研讨性命之理，他们进一步推动了南方文化的发展。作为南方文化重心的江西必然受到深刻的影响，为江西理学的形成与发展提供了条件。

第四，宋代江西活跃的经学文学思想为理学发展创造了契机。

五经是上古三代文献的汇编，代表着儒家的知识体系和价值理想。历代学者不断对五经之学进行新的哲学阐释，从而形成经学。汉代经学的确立标志着儒学由先秦子学上升为占统治地位的官方哲学，经学从此成为中国传统文化的主流。由孔子开创的儒学，历秦、汉、隋、唐、宋、元、明、清，至近代而走向衰弱，经学亦随之。理学则是儒学发展的新阶段，我们把先秦至唐的儒学称为传统儒学，而习惯于把宋明儒学称为理学。

清末学者皮锡瑞在《经学历史》中将经学史上的宋代称为“经学变古时代”。宋代经学注重义理发挥，好创获新说，在阐释儒学内在价值的同时，高扬主体意识和理性精神，这就是怀疑精神。从北宋初期开始，一些学者如柳开、王禹偁、孙复、胡瑗、石介等人已开始了对传统经学的批评与创立新儒学的尝试。从庆历年间到北宋末年，疑古思潮全面展开，涌现出大量疑古学者，如欧阳修、李觏、司马光、王安石、张载、二程、三苏等。其中欧阳修、李觏、王安石等大家都是江西学者，他们不仅对汉唐经学提出了怀疑与批评，同时对传统经学的章句训诂式研究方法加以抨击，由此进一步对传世经典提出怀疑并进行考辨。就在这种活跃的学术思潮中，周敦颐、张载、程颢、程颐等学者在广泛吸收隋唐佛道思想的基础上，发展与改造了传统儒学，开创了宋代理学。

前人论古文，称唐宋八大家，宋代占六家。古文家是文学家，致力于文学创作。而古文家也往往是经学家，总是关注传统学术，讲求文道关系，强调文学思想内容的表现，因文而及道，从而把儒学思想纳入传道授业解惑的范围。同样，理学家也总是关注文学思潮，强调文原于道，文道合一，道本文末，把文学作为传播圣贤之道的基本工具。所以，文学与理学的交错融合是难免的。宋代的古文家绝不仅仅是文学家，他们大多是经学家、政治家、诗家、词家、艺术家。同样，理学家也不只是思想家，宋代的理学家都是古文家，都精通诗词创作。

在江西文坛，宋代恰恰是群星璀璨的时代。文学家群体崛起，诗词文名家辈出。如庐陵欧阳修、胡铨、周必大，临川王安石、王安国、王安礼，南丰曾巩、曾布、曾肇，抚州晏殊、晏几道，修水黄庭坚，吉水杨万里，鄱阳姜夔、

修水双井村黄庭坚故居

洪适、洪遵、洪迈等，不胜枚举。这些文章之士都以古文经术而扬名当世，他们对儒家五经的研究与理学家是相同的，即使形诸议论、溢于辞章，也总不忘记对“道”的内容追求。

综上所述，周敦颐在江西这块土地上，得圣人不传之学，首开道学之门，二程受业于周氏，而扩大其所闻，表彰《大学》《中庸》二篇，使之与《论语》《孟子》并行，融会贯通，理学体系至此基本完成。周敦颐、邵雍、张载、程颢、程颐被称为“北宋五子”，他们虽然建立了自己的思想体系，但又构成共同的哲学思潮：建立了比较完整的宇宙本体论；提出了系统的道德本体论的人性学说，即心性之学；为实现其天人合一的理想境界，提出了一套包括认识和实践的修养方法。可以说，宋代江西的发展，为理学的萌生和发展提供了充分的条件，江西无愧于理学发源地的称号。

二、江西理学特殊的历史地位

在中国古代学术发展史上，宋明理学占据了重要地位。江西由于特殊的地理位置和历史机缘，受理学的影响非常深。从历史和人文等角度去考察，赣文化的内核就是理学文化。宋明理学扎根于江西。周敦颐是理学的开山鼻祖，其理学思想发端于江西；朱熹作为理学的集大成者，其足迹遍及江西；陆九渊、王阳明作为心学的代表，其影响主要在江西。江西理学在中国理学发展史上的地位由此可见一斑。

第一，江西是朱熹学术思想的确定地。

在朱熹学术思想的发展过程中，与江西密切相关的是鹅湖之辩、订立《白鹿洞书院学规》和玉山讲学。这三件大事对朱熹学术思想的形成影响深远。

淳熙二年（1175），朱熹与吕祖谦在寒泉精舍相聚论学，

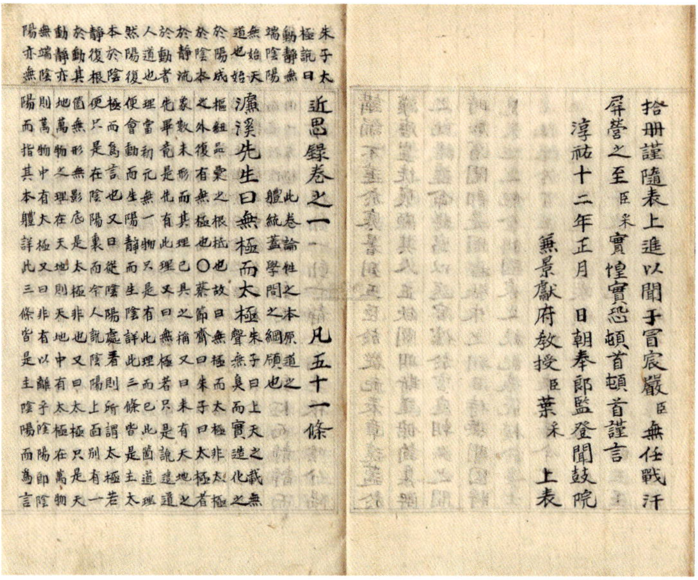
拾册謹隨表上進以聞干冒宸嚴臣無任戰汗屏營之至臣采實惶實恐頓首頓首謹言

淳祐十二年正月　日朝奉郎監登聞鼓院兼景獻府教授臣葉采上表

朱子太極説曰動靜無端陰陽無始天道也始於陽成於陰本於靜流於動者人道也然陽復本於陰靜復根於動其動靜亦無端陰陽亦無

近思錄卷之一　凡五十一條

此卷論性之本原道之體統蓋學問之綱領也

濂溪先生曰無極而太極朱子曰上天之載無聲無臭而實造化之樞紐品彙之根柢也故曰無極而太極非太極之外復有無極也○蔡節齋曰朱子曰太極者象數未形而其理已具之稱又曰未有天地之先畢竟是先有此理又曰無極者只是說這道理當初元無一物只是有此理而已此箇道理便會動而生陽靜而生陰詳此三條皆是主太極而言也又曰從陰陽處看則所謂太極若便只是在陰陽裏而今人說陰陽上面別有一箇無形無影底是太極非也又曰太極只是天地萬物之理在天地則天地中有太極在萬物則萬物中有太極又曰非有以離乎陰陽即陰陽而指其本體詳此三條皆是主陰陽而爲言

《近思录》

史称“寒泉之会”。这场研讨会的重要成果，是朱熹与吕祖谦合作完成了《近思录》。这部著作基本规范了理学理论框架与次序，成为朱熹理学最基本的纲目。但是，此时朱熹的学术思想还存在诸多缺陷。因此，接下来由吕祖谦主持的鹅湖之辩显得尤为重要。通过鹅湖之辩，朱熹重新审视了自己的思想结构和内涵，更加重视理论体系的完善，着重强化自己在经学尤其是“四书学”方面的作为。鹅湖之辩后，朱熹编撰了《论语集注》。

不久，朱熹知南康军，修复白鹿洞书院，订立《白鹿洞书院学规》。它提出了教育的根本任务：让学生明确封建纲常的“义理”，并将其贯彻于身心修养，达到人人自觉维护封建统治的目的；要求学生按学、问、思、辨的“为学之序”去“穷理”“笃行”；指明了修身、处事、接物之要，作为实际生活与思想教育的准绳。朱熹立学规，使得书院制度日益完善，此后朱子学成为国家教育的重要内容，“明人伦”的学术宗旨也得以确立。

朱熹晚年学术思想有了较大的转变，概括说来，朱熹的学术主旨由“为己之学”“明人伦”的内圣倾向逐步转向“明体达用”的外王实践性理论探索。朱熹晚年在江西玉山讲学，为后人留下了《玉山讲义》，对其晚年学术思想进行了全面概括。朱熹认为他的讲义“虽甚简约，然其反复曲折，开晓学者最为深切”，其最重要的理学范畴都可以在这里找到答案。

第二，江西是理学正统学脉的赓续地。

江西理学学脉赓续不断，南宋有朱熹、陆九渊，元代有吴澄，明代有吴与弼、胡居仁、娄谅与罗钦顺，清代有江永、李绂与汪绂，他们都是一流理学人物。比较而言，江西理学学脉清晰，坚持理学的道统与正统，重视对理学的接续与发展。朱子门人李燔志在协助朱熹办教育，《宋元学案》称李燔为“南方理学耆老”“沧洲大儒第一”。张洽以《春秋集传》赓续朱子《春秋》学说，构建朱子学说体系。程端蒙及传人董铢作《程董二先生学则》，陈文蔚作《双溪书院揭示》，徐元杰作《延平郡学及书院诸学榜》，元代

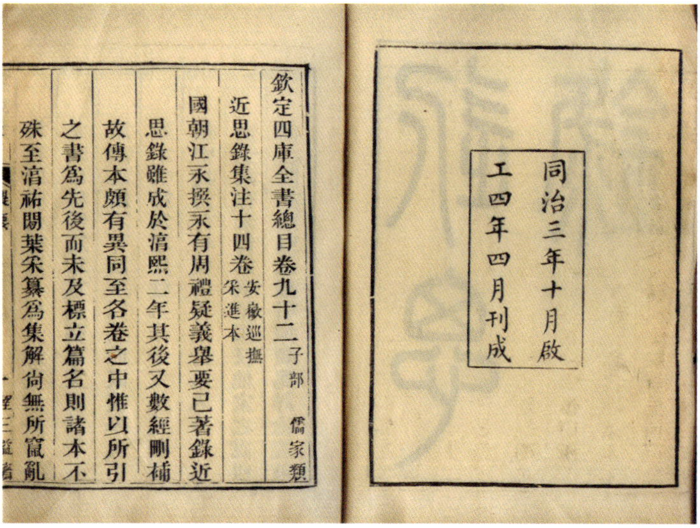
同治三年十月啟
工四年四月刊成

欽定四庫全書總目卷九十二 子部 儒家類
近思錄集注十四卷 安徽巡撫采進本
國朝江永撰永有周禮疑義舉要已著錄近
思錄雖成於淳熙二年其後又數經刪補
故傳本頗有異同至各卷之中惟以所引
之書爲先後而未及標立篇名則諸本不
殊至淳祐閒葉采纂爲集解尙無所竄亂

《近思录集注》

后学程端礼作《程氏家塾读书分年日程》，清代江永作《近思录集注》，都以正统、道统传承为指向。

在学脉传承上，饶州地区就有黄榦传董梦程，再传新安理学这一脉络。在吉安地区，《宋元学案补遗·赵张诸儒学案》引《解学士春雨堂集周处士墓表》云：“吉之人士，若周伦、萧服、彭醇、胡杓、杨长孺、曾三聘皆程朱之门。彭醇在元祐党籍，则以上皆程门可知。杨、曾之为朱门亦无疑。”而抚州地区，因朱熹、黄榦等多有教化，此地传播朱子学未曾间断。

江西理学特别讲究政治性与正统性。宋时江西理学讲正气，后学文天祥、谢枋得是代表。元时至明初，江西有以吴澄、虞集、欧阳玄、揭傒斯等为代表的馆阁文臣学术群体，保持着强烈的宗朱意识和以道艺双修为取向的雅正文风与学风，引导着明前中期正统朱子学的走向。罗钦顺等朱子学者以一种扬弃的学术精神，维护朱子学基本理论框架的正统性与权威性，牢牢把住明代朱子学在学术思想领域的地位。

第三，江西是朱陆学术和会的聚集地。

江西不仅朱子学有传承，陆学也有很好的发展。朱陆和会在江西有着积极的表现，很少出现朱陆学术之外的“异端之学”。

淳熙年间，朱陆学术还存在很多分歧，但是，无论在学术上还是经世致用上，朱陆之间更多的是相互肯定与支持。双方都认为，他们之间论战，只不过是“辨道明理”。朱陆门人兼学蔚然成风，“由朱转陆”或“由陆转朱”是很平常的事情。朱陆身后，再传弟子师事多人的情况也屡见不鲜。南城包扬、包约、包逊皆同学于朱陆，再传弟子包恢主张和会朱陆。

元代至明初，和会朱陆是理学发展的大势。吴澄重在和会两家，成为和会朱陆的重要一环，虞集明确质疑“二先生何尝有异哉”，吴与弼兼采朱陆之长。明前期和会朱陆的方式主要是“早同晚异”或“早异晚同”，乃至王阳明后，明末清初又呈现出方法论之争的历史形态。就是在阳明学昌盛的正德万历年间，程朱、陆王学派也有着强烈的融合愿望。在江西，王阳明表示他是以一种从朱者姿态发扬理学。明中期以来，江西朱子学发展相对缓慢，江右王学成为王门后学的大宗，江西成为王学发展的中心之一，但很快又转入了由王返朱、不断合流的学术历程。晚明王学中就有大批“返朱”“和通朱子”者。婺源洪垣的学术既融合了王阳明与湛若水的心学，又通过心学统合了良知与天理，对王学与湛学都有修补，对于朱子学也有了新的认识，故而《明史》评价洪垣“调停两家，而互救其失”。

清初，在朱熹升配孔庙十哲之次后，朱子学最为尊贵，朱陆和会更是主流。程朱学派与陆王学派即便有争论，重点也不是陆王心学是不是儒学“正统”，而是纯理学的具体学术问题，主要关涉“心即理”、格物致知、知行关系等，故而婺源江永等人“兼宗汉宋，不立门户”。清代江西理学家魏禧诸子、王源、刘继庄、谢秋水、朱轼、李绂、裘曰修，或显或晦，偏朱偏陆，交融相存。朱陆之争以王懋竑与李绂的争论为最。李绂虽然尊陆诋朱，但不得不承认朱子学与陆学晚年相合，故多以兼采朱陆为题。

以上所述无不表明江西理学尊朱重陆，凸显学术的包容性和聚集性。可见，江西是理学发展不可忽视的核心区域。

第二章 北宋江西理学

BEISONG
JIANGXI LIXUE

理学始称道学，这个“道”是自三代以下就存在的治国之道、治政之道、讲习之道、日用之道，而从学说、学派角度称“道学”之名，并非自古以来就有。“道”之名出现甚早，《道德经》就说“道生一，一生二，二生三，三生万物”。先秦诸子百家都曾用过“道”的概念，但是，诸子百家所讲之道并不是同一个意思，而是各言其道，道皆不同。道的本义是道路，古人把日月运行之路称为“天道”，把人类生活的规则称为“人道”。汉代儒学独尊，韩愈把古圣相传的儒家之道连为一体，作《原道》，宋儒承而正之，形成儒学道统，故元人修《宋史》，为区别先秦的传统儒学，把宋代兴起的新儒学称为道学。

道学即是理学，是儒学发展至宋代的新产物，但南宋文献已有“理学”之称。宋儒致力于阐释义理，兼谈性命，认定“理”先天地而生。理是这个学说的根本特点，所以后人均以“理学”称之。

汉代“独尊儒术”，以经学为官方学术，从此以后，这种以文字训诂、名物考释等为手段来阐释文本的意义，偏重学术问题，不注重政治人生的儒家经学成为贯穿汉唐学术史的主流。至北宋，为应对佛老的挑战，实现儒学复兴，儒家学者不得不抛开汉唐儒家偏重学术问题而不注重政事义理的形式，注重阐述经典中的义理，关注人性、人心、天命、理气等形而上的哲学命题。这种学术思潮便是“理学”。理学盛行于宋明，故又称为“宋明理学”。宋代理学派别很多，有周敦颐“濂学”、邵雍“象数学”、王安石“新学”、二程“洛学”、张载“关学”、朱熹“闽学”、陆九渊“心学”等。我们应当注意到，在周敦颐、张载、二程之前，还有欧阳修、李觏等理学家，他们为理学的形成做出了巨大贡献。

在疑古疑经、阐释义理的经学之风影响下，周敦颐、二程等人在传统儒学的基础上，把先秦思孟学派、汉代公羊学、魏晋玄学以及隋唐以来佛道心性哲学融合起来，开创了宋代理学。在理学形成和发展过程中，周敦颐被尊为道学宗主，二程则成为理学奠基人。北宋的理学家中，有一大批人或出生于江西，或履职于江西，或过化于江西，与江西有着千丝万缕的联系。北宋时期成为江西理学的发源期。

看
听

一、宋明理学先驱者

北宋前期到“庆历新政”之前，学术总体倾向是偏重经世之学，甘于“政术”，少有关注道德性命之学等“道学”问题。北宋庆历元年（1041）后，政治环境进一步稳定，学术氛围逐渐宽松，士大夫在忧患意识、天下意识与变革意识的不断激发下，触动了大规模学术思潮的爆发。其中儒学思想最为活跃，发生了重要的转向，催生了以范仲淹、欧阳修、王安石等人为代表的学术大家，推动了学术的发展，经学大昌，疑经变古思潮渐趋兴盛，古文运动更是高涨，逐渐形成了以王安石父子与吕惠卿为代表的“新学”、司马光之学、李觏之学，以及周敦颐“濂学”、程颢程颐“洛学”、苏轼“蜀学”以及张载“关学”等。这些理学群体多强调道德性命之学，与偏重外王经世之学的宋初儒学存在巨大差异。道德性命之理学成为当时的学术主流。

在这一时期，北宋政治家、文学家、思想家欧阳修脱颖而出，在中国学术史上占有相当重要的地位。

欧阳修(1007—1072)，字永叔，号醉翁，晚号六一居士，吉州永丰（今属江西）人。因吉州原属庐陵郡，欧阳修自称庐陵人。欧阳修幼年丧父，在寡母抚育下读书，为仁宗天圣八年（1030）进士，历仕40余年，累官至枢密副使、

永丰欧阳修纪念馆

参知政事，最后以太子少师致仕。

在宋代江西学术发展史上，欧阳修首屈一指，同一时期出现的很多学者文人都出自他的门下。欧阳修不愧为北宋学术伯乐，他竭力推荐一大批具有真才实学的青年才俊，其中不仅有刘敞、苏轼、苏辙、曾巩等文坛巨匠，还有理学大成者张载、程颢、吕大钧等，以及包拯、韩琦、文彦博、司马光等政治人才，真可谓桃李满天下。

在欧阳修的学术体系中，理学是重要内容。他提出理学中的利、命、情、仁、义、气、五行和五常等范畴，对后世产生了极大的影响。他特别阐发了“天理与人理”概念，归纳出“理”的要义。欧阳修的“天理”是自然之天理，是“物之常理”，也是“自然之势”。他提出：“物极则反，数穷则变，此理之常也。”“物无不变，变无不通，此天理之自然也。”在万事万物之中，就社会人事而言，则称之为“天人之理”“人理”。“人理”是纲常。他曾指责五代是“干戈贼乱之世，三纲五常之道绝”，以至于先王之制度文章扫地，败坏人理。欧阳修还以“大中之道”来解释“理”，在他看来，“万物生于天地之间，其理不可以一概”，圣人之理就是“大中之道”，是尊于万物、尊于四海的，大大提升了理的地位。基于对“天”和“天道”的认识，欧阳修提出了独特的天人观——“不绝天于人，亦不以天参人”。在这一天人观的指导下，欧阳修对秦汉以来的“天人感应”学说进行了十分有力的批判，打破“天人感应”的理论框架，为张载、二程等理学家提出新的“天人合一”理论扫清了道路。欧阳修认为，《易》的理论内核就是阐发人事之理，天存在于理。

在经学研究中，欧阳修敢于疑古辨伪，他甚至称自己是孔子以后两千年来敢于疑古的第一人。欧阳修非常推崇易学，并以易理为基础提出了他的正统论。仁宗康定元年（1040），欧阳修撰写了《正统论·序论》《正统论上》《正统论下》，另撰有《或问》1 篇、《正统辨》上下 2 篇，作为辩解或补充的文字。其所撰《新五代史》也反映了他的正统论观点。他的正统论以北宋“《春秋》学”尊王、大一统、君臣名分的观念作为理论依据。在他看来，一个王朝的盛衰兴亡，其关键在人事而不在天命，因此有必要树立正确的正统观。欧阳修摈弃前代从“五德终始说”出发的正统学说，提出只有“王者所以一民而临天下”所建立起来的大一统王朝，才能称为“正统”。欧阳修的正统理论影响了朱熹等理学家的思想。

自宋代以来，学界对于“宋初三先生”胡瑗、孙复、石介开拓宋代学术之功多有肯定，而对于与之同时期的李觏的学术贡献多有忽视，没有给予其相应的学术地位。例如，《宋元学案》将李觏作为范仲淹高平门人附于《高平学案》中，并没有单列学案。李觏的学术以经世致用为旨归，具有兼采诸家的特征。李觏在时人心中的地位是相当高的，当世名儒富弼、欧阳修等“莫不竞造其门而优礼之”。

李觏（1009—1059），字泰伯，人称“盱江先生”，北宋南城县高阜镇（今属江西资溪）人。他自幼聪颖，5岁能调声律、习字画，10岁会作文章，却两次应试落榜，于是回乡潜心著述。他关心时政，无论讲学还是著述，都处处以“康国济民为意”。他的著作大都是“愤吊世故，警宪邦国”的政论，被人誉为“皆从大处起议论”。他创立“盱江书院”，教授生徒，从学者常达百人。43岁时，他由范仲淹等推荐入朝，任太学助教，后升为直讲。李觏的学术著作，更多集中于《礼论》和《易论》。

李觏对礼的起源进行了分析，指出礼是为了人性中的欲望得到合理发展而制定的“节文”。这是继承了荀子的思想。同时他又肯定人类物质生活的自然要求和欲望是合理的，为程朱理学的理欲观奠定了理论基石。他认为礼是人类物质生活和精神生活的最高准则，而统治阶级内修外治，也主要依靠礼。因此，李觏的“礼”这一概念，是包

李觏雕像

括物质世界与上层建筑在内的，既涉及衣、食、住等物质生活，也涉及政治、法律、道德、音乐等一切上层建筑。

他从“阴阳二气会合”而生万物的观点出发，说明了矛盾双方在一定条件下可以相互转化的朴素辩证法思想。他认为挽救失误、克服弊端最有效的办法是变革，强调“救弊之术莫大于变动”，大胆地主张“通变”“量时制宜”，反对尽循前代政令。因此，他成为“庆历新政”理论上的支持者。

李觏认为，易的作用“本以教人”及确定所谓的君君臣臣之理。在他看来，万事之理都在易中。一切卜筮、释老迷信，如当时流行的图书象数之学，都是鄙儒的“异端”，非易之“常道”。李觏特别重视“易注”的正统性，对于图书象数之学加以批判，因此他撰著的《易论》全着眼于人事。他的《易论》13 篇，援王弼之注以解义，重在明人事及天下国家之用，破除迷信，对后世理学家产生了巨大影响。

继欧阳修、李觏之后，与二程同时代的王安石以变法革新闻名于世。事实上，王安石不仅是一位杰出的政治家，也是一位重要的理学家。

王安石（1021—1086），字介甫，号半山、荆公，抚州临川人。庆历二年（1042），王安石登杨宝榜，进士甲科，授扬州签判。他先后知鄞县，通判舒州，知常州，提点江东刑狱，任三司度支判官，改知制诰。他曾于仁宗嘉祐三年（1058）上万言书，主张改革政治。嘉祐八年（1063），王安石居母丧归江宁。治平四年（1067）正月，英宗死，神宗即位。九月，王安石被召为翰林学士，熙宁元年（1068）四月至京师。熙宁二年（1069）二月，王安石出任参知政事，次年拜相。从此以后，王安石积极变法，推行青苗、均输、市易、免役、农田水利等新法，直到熙宁九年（1076）十月罢相，判江宁府，前后执政共 7 年以上。王安石著有《王

文公文集》《周官新义》。

宋神宗时，王安石创立的“新学”成为官学，对当代乃至后世学术产生了深刻影响，有学者说“王氏学独行于世者六十年”。然而，随着元丰八年（1085）宋哲宗即位，党派政治更替，司马光取代王安石入朝主政，开启了“元祐更化”。司马光抑《三经新义》，禁《字说》，罢“新学”，试图回归庆历时期的学术理念，这期间存在着起起伏伏的情形。

就王安石“新学”体系而言，他的最高范畴是“天道”。王安石的“天道”具有客观自然之道与“人道”“治道”双重含义。他将老子的自然无为观与孔孟积极尽人事的观点结合起来，认为人道和治道虽与自然界的天道一样是自然客观的，但人道和治道又必须依靠人的作为才能由可能变为现实。王安石吸取两家思想精华，将道家自然哲学和儒家人文哲学进行整合，建立了“新学”的“天生人成”观。他认为世界的本原是元气，具体化为金、木、水、火、土五种物质元素，元素运动变化不已，

抚州市王安石纪念馆

于是生成万物。他肯定万物“皆各有耦”，“耦之中又有耦焉，而万物之变遂至于无穷”，认识到矛盾是事物发展变化的内在原因。在认识论上，他在强调视和听的作用的同时，又承认有所谓“不听而聪，不视而明，不思而得”的先验认识。他认为“水旱常数，尧汤所不免”，从而反驳保守派所称熙宁七年（1074）旱灾是由于新政触怒上天的谬论。他强调“权时之变”，反对因循保守，并提出了“天变不足畏，祖宗不足法，人言不足恤”的变法思想。

在熙宁变法中，王安石改革科举考试制度，罢诗赋、帖经、墨义，强化了儒家五经的科举意义，特别规定将《论语》《孟子》列入科举考试内容。自此以后，《孟子》作为历代科举考试书目成为定制。

二、道学宗主周敦颐

周敦颐被誉为道学宗主。而周敦颐正是在江西南安创立理学，且他的大部分学术生涯都是在江西度过的，他主要的事业和学业也都是在江西完成的，其晚年还定居在庐山脚下。

周敦颐（1017—1073），字茂叔，谥“元公”。天圣七年（1029），周敦颐离开父母，带着简单的生活行李和许多书本，揣着许多想不明白的问题，奔向月岩，专心读书思考。周敦颐年纪轻轻便颇负盛名，20 岁那年得舅舅郑向提携，正式走上仕途。

康定元年（1040），周敦颐初次入仕，首站就来到江西，任洪州分宁县主簿，从此与江西结下了不解之缘。庆历元年（1041），周敦颐任职袁州芦溪镇（今江西萍乡芦溪区）市征局。庆历四年（1044），28 岁的周敦颐被提任南安军

文會堂
周敦頤銅像
(1017—1073)
周敦颐（1017—1073）原名敦实，字茂
叔号濂溪，道州营道（今湖南道县）人。北
宋著名哲学家、教育家、文学家，程朱理学
奠基人。
周敦颐为程颢、程颐之师，一生酷爱莲
花，作《爱莲说》。晚年知南康军（治今江
西星子、都昌、永修）并在庐山莲花峰下筑
“濂溪书堂”，殁后归葬江州德化清泉社，
嘱其子孙永为九江人。白鹿洞书院祭祀周敦
颐始于南宋开禧元年（1205）后历代沿袭。
二00四年十一月

周敦颐铜像

司理参军。后来，周敦颐又在洪州南昌县任职。嘉祐六年至治平元年（1061—1064），他再度出任虔州通判，其间过南安军作《爱莲说》，各地学子数千人师从，南安军学堂声名大振。熙宁二年（1069），周敦颐移知南康军。熙宁五年（1072），周敦颐不幸感染了瘴疠，辞官归隐，定居在庐山莲花峰下濂溪书堂。熙宁六年（1073）六月，周敦颐病逝于庐山濂溪书堂，终年57岁。

从周敦颐生平与履职情况就可以看到，他一生中几度任职江西，大半生的时光在江西度过，最后还终老于江西。周敦颐的足迹遍布江西，他在洪州、分宁、南安（今江西大余）、虔州、南康（治所在星子县，星子今属江西省庐山市）等地开展诸多文化活动，立说讲学，不一而足。后人为了纪念周敦颐，在他走过的地方设立书院，如修水濂山书院、大余道源书院、赣州爱莲书院、南昌宗濂精舍以及九江濂溪书院等。可以说，江西已然成为他的第二故乡。

南宋著名学者王应麟在《困学纪闻》中指出，宋代“名节自范文正公，议论文章自欧阳子，道学自周子”。就是说，范仲淹有着“先天下之忧而忧，后天下之乐而乐”的襟抱，以名节扬天下，欧阳修因其议论文章成为后来者的典范，而周敦颐因上承孔孟学统和《易》《庸》之学，顺应了时代发展的新条件，著就《太极图说》《通书》，开创了宋明理学的新形态，以道学（即理学）闻名天下，成为学术界公认的理学开山鼻祖。周敦颐理学开山鼻祖地位的确定，

道源书院

与他在江西任官，在江西讲学，在江西进行理学思索，有着极为重要的联系。

在学术上，周敦颐杂糅儒道，将道家思想融入儒家，尤其是以《周易》为框架，兼杂二者。他兼取道家炼丹理论和儒家的《孟子》《中庸》的思想，熔旧铸新，继承《易传》和部分道家及道教思想，作《通书》，提出简单而系统的宇宙生成论，说“无极而太极”，“太极”一动一静，产生阴阳万物。他认为，万物是生生不息、变化无穷的，只有人具其秀而最灵，故而在“太极”中又存有“人极”。“人极”即“诚”，“诚”是“纯粹至善”的“五常之本，百行之源”，是道德的最高境界。只有通过主静、无欲，才能达此境界。

周敦颐不仅从他的宇宙生成论中引出了道德起源“诚”，使人的最高修养境界与宇宙的最终本原相一致，而且引出了政事法天的思想，使治国治民的总原则与宇宙生成的基本规律相一致。他在《通书·顺化》中说：“天道行而万物顺，圣德修而万民化。”怎样才能治理好纷繁复杂的人类社会呢？周敦颐提出了“以仁育万物，以义正万民”的总原则，并宣称这是对“天以阳生万物，以阴成万物”之天道的效仿和移植。周敦颐的思想颇有老子“人法地，地法天，天法道，道法自然”的痕迹。在总原则的指引下，周敦颐提出“圣人之法天，以政养万民，肃之以刑”三个不同层次的治理方式。为此，周敦颐在江西极为重视教化，每到一个地方，首先必定要“修学校以教人”。

周敦颐确立了太极、阴阳、五行、人物化生、宇宙化生及圣人“立人极”的理论模式。他建立了以诚为核心的心性论以及把理气与心性相结合的思想体系，在理学发展史上，他是宋代理学创始人之一。周敦颐的学说对后世理学发展有极大影响，后人对于他亦多有赞誉。因程、朱等大儒的竭力阐扬，周子之学受到历代统治者的推崇，成为封建社会官方哲学，其思想得以流传后世。

宋理宗淳祐二年（1242），为了纪念周敦颐和二程，南安知军林寿公创建了周程书院。宋理宗景定四年（1263），南安知府饶应龙上疏，认为“南安为道学发源之地”，“道学之源，实肇于此”，恭请宋理宗赐书匾额，理宗亲书“道源书院”，以示表彰。

三、理学奠基者二程

程颢（1032—1085），字伯淳，世称明道先生，程颐（1033—1107），字正叔，世称伊川先生，史称“二程”。程颢一生主要从事政治活动，辅以学术研究、授徒讲学。而程颐一生主要从事学术研究和授徒讲学，极少涉足政治活动。二程是北宋时期洛学的创始人，也是宋明理学的奠基者。

程颐曾作《明道先生行状》，说：“先生为学，自十五六时，闻汝南周茂叔论道，逐厌科举之业，慨然有求道之志。”又有朱熹撰写《伊川先生年谱》，提及程颐“年十四五，与明道同受学于舂陵周茂叔先生”。这两段话可以说是对二程思想渊源及内容的概括总结。根据可靠的传记年谱资料以及二程兄弟的自述，可以获知二程兄弟有过两次从学周敦颐的经历。二程兄弟第一次从学周敦颐，是在宋仁宗庆历六年至七年之间（1046—1047）。当时，周敦颐在江西任南安军司理参军，二程父亲程珦任南安军通判。二程兄弟第二次从学周敦颐是在皇祐元年（1049）。当时程珦受命移任广西龚州知州，从江西赴任广西途中经过郴州，携二子一道会见了周敦颐。二程兄弟从学周敦颐，是他们人生的一个重大转折点，开启了他们的求道之路。因此，江西是二程学术生涯的重要起点，催生了二程的理学体系，二人最终成为理学大家并同为北宋理学奠基者。

嘉祐二年（1057），程颢应举中进士。次年，程颢任京兆府鄠县（今陕西鄠邑区）主簿，初入仕途。在鄠县三年，程颢尽心执务，治理能力初显。嘉祐五年（1060），程颢调任江宁府上元县（今属江苏南京）主簿，两年后调任上元县令。在任三年，政绩突出。宋代上元县地处江南富饶之地，土地兼并之风盛行，富豪占地，贫农失地，无家可归，四处流徙，流弊甚多。程颢协助县令改革税制，平均地税，减轻百姓负担，限制土地兼并，收到了“民不知扰，而一邑大均”的成效。这些举措受到朝廷的重视，朝廷在全国推行均税制。宋英宗治平元年（1064），程颢移任泽州晋城（今山西晋城）县令。程颢在任期间教化晋城民众，兴办学校，政绩突出，民心大服。

宋神宗熙宁二年（1069），王安石议行变法。二程在学术上、政治上虽是王安石新党的反对者，但他们不反对变法，而且提出个人变法主张。程颢曾上疏神宗《论十事札子》，程颐曾上疏英宗《为家君应诏上英宗皇帝书》，两人都主张

程頤

程颢、程颐雕像

变法，以革除时弊，振兴国家。程颢在《论十事札子》中提出了个人改革主张：第一，修师傅之职，以成就君臣德业；第二，整顿官秩、职业，以改革官制；第三，正经界、制民产，以抑兼并；第四，定乡邻诸法，以兴政教于乡里；第五，改革贡士、学校法，以统一道德、明人伦；第六，更役法旧制，渐削兵农，以解决骄兵耗匮、国力已极的危机；第七，渐从古制，均田务农，储粮备荒，以足民食；第八，均多恤寡，使四民就业，以免浮民穷极之患；第九，保护山林自然环境，以解决天然之物耗竭问题；第十，修礼制、定名数，以除奸诈攘夺争乱之道。程颢从改革圣王成法、官制、土地制度、地方治理制度、学校取士制度、役法、兵制、田制、环境保护制度等方面提出改革措施。可以说，其变法思想与王安石变法主张是相似的，不同之处在于二者变法的指导思想不同：二程尤其是程颢以仁义王道为指导思想，而王安石以兴利为指导思想。二者纷争在于德与利的区别。

二程认为“生民之道，以教为本”，古代统治者由小家到国家，都强调了教化的作用。人民从小就应该入学接受封建道德的教诲，因此天下之人，无论小人、君子都能修身明道，进而形成社会稳定清明、百姓安居乐业、社会风气良好的三代盛象。可以说，三代之盛的根本原因在于教化盛行。而后世的统治者不以教化为本，一味严法，因此治理国家的效果并不好。二程无论在政治活动中，还是在授徒讲学活动中，都十分注重教化事业。程颢还兴修学校，提高老百姓思想文化素质，教化百姓，使得几百年素无登科之名的晋城在熙宁、元丰年间形成读书者众多、中举者十多人的教育喜况。程颢兴办学校的目的在于教化，教化的目的在于预防民众犯罪，从而动摇封建统治的根基，其本质在于巩固君主统治的基础。程颢历次出任地方官时，随时随地向百姓灌输三纲五常等思想，使百姓在潜移默化中成为朝廷的顺民。

“理”是二程思想的核心，是其哲学范畴的根本。二程以理为核心，既创建了天理论的哲学体系，又以天理为标准来评判历史社会。这些理论作为治理国家的准则和依据，深刻影响后世学术和政治发展。与其天理治国论相适应，二程认为天理是道，天理治天下就是以道治天下，即崇尚道治。

从学术思想来看，二程之学吸取儒家孟子、张载以及佛学精义，融合“六经”而创立“理本论”，提高了儒学的哲理性、思辨性，更新了儒学的理论形式。其学以“穷理”为主，认为“天下之物皆能穷，只是一理”，理“在天为命，在人为性，论其所主为心，其实只是一个道”，强调格物之理，主张“涵养须用敬，进学在致知”的修养方法，目的在于“去人欲，存天理”，为纲常名教辩护。二程以宗儒为本，自幼熟读儒家经典，后人更把二程尊为儒学道统的继承人。南宋的胡安国说：“孔孟之道不传久矣，自颐兄弟始发明之，而后其道可学而至也。”朱熹亦说二程“实得孔孟以来不传之学”。这表明二程与儒学保持着极为密切的关系，宗儒是其思想的根本，他们的学说只是对儒学的继承、发展和改造。

张载雕像

随着宋王朝南渡，“元祐党禁”解除，程子一声“吾道南矣”，以理学为主的“元祐学术”南移并再次得到发展。南宋初年，最主要的学术派别还是理学与新学之间的争斗，这种争斗很大程度上是主战派与议和派政治斗争的延续。

宋高宗继位后，在政治上和学术上肯定理学而批评荆公新学，而二程洛学在思想上亦是否定王安石的。朱熹、张栻之学源于杨时、胡安国。而胡安国、杨时的理论思想总体上符合高宗统治集团的政策需要，得到高宗统治集团的支持，最终超越同时代其他学派而快速发展。

绍兴元年（1131），高宗赐程颐直龙图阁大学士，这是最高统治者第一次对理学高度褒扬。绍兴四年（1134），高宗又重用赵鼎为相，赵鼎与王居正、杨时被誉为“伊川三魂”。然而，南宋初年学术起伏很大程度上是随着帝权相权之争、和战之争、学术党争而展开的，与宋皇的态度与抉择有很大的关联。赵鼎为相期间，推尊二程道学；秦桧专政期间，转为推尊王安石新学，形成“绍兴党禁”。在这方面，宋高宗实际上对不同学术都采取利用之策，曾说“王安石、程颐治学各有所长，学者当取其所长，不执于一偏，乃为善学”。而在秦桧去世、孝宗亲政后，以二程洛学为代表的理学得以快速发展，成为学界主流学派。

二程之后，在洛学一脉中，杨时、谢良佐、游酢、吕大临、尹焞等无疑是公认的程氏高弟，其中杨、谢、游、吕被称为“程门四先生”。南宋时，洛学有以下重要分支：一是龟山杨时一派。龟山杨时亦有两个分支，一支由杨时传罗从彦，再传李侗而至朱熹，形成“道南学派”，该派以福建为主要传播地，亦有广义“闽学”之名。后来，朱子将二程学说发扬光大，成为一代宗师。另一支是杨时传王苹、张九成，此派学术为象山心学之先声。二是上蔡谢良佐一派。由谢良佐传胡安国、胡寅、胡宏，胡氏父子又融合发挥周敦颐的学术，继而由胡宏传至张栻，因这些学者多活跃于湖北、湖南，后人称之为“湖湘学派”，它成为整个南宋思想界影响巨大的学派。三是周行己、刘元承一派，为永嘉之学。

除以上三派外，还有两个支派值得注意，即尹焞一派、吕大临一派。尹焞二传吕本中，再传林之奇，四传至吕祖谦。而蓝田吕大临一派，先受学张载，后师从二程。从吕大临学术取向来看，他总体以捍卫张载关学为主，又兼取二程，融合洛学。

第三章　南宋江西理学

NANSONG

JIANGXI LIXUE

南宋乾道淳熙（1165—1189）时期，中国学术繁荣，出现了“乾淳诸老”这一学术群体。“乾淳诸老”之称早在宋元文集中就出现了。“乾淳学术”是宋代文化的高峰，汇集了一大批著名学者，包括王十朋、陈俊卿、汪应辰、二刘兄弟、二芮兄弟、郑伯熊、朱熹、张栻、薛季宣、吕祖谦、陆九渊、陈傅良、陈亮、叶适等。以他们为中心，涌现出具有明显地域性特征的学派。其中，最主要的道学群体有：汪应辰的玉山学派，吕祖谦的婺州学派，朱熹的闽学派，张栻的湖湘学派，陆九渊的江西之学，陈亮的永康学派，以及郑伯熊、薛季宣、陈傅良、叶适的永嘉学派等。同时，不同学派的学术倾向有着明显的差异性。朱熹在闽，张栻在湖湘，陆九渊在江西，其他学者在浙之左右，他们的道学思想涉及义理、考据、辞章、经济等不同的学术方向，又有明显的地域性。

乾淳以来，各学派通过不同平台、不同形式发扬道学，尤其是著述、讲学以及相互论辩。在著述方面，以整理道学前辈的作品为重点的经解与语录、经说集成，重要的有《近思录》《论孟精义》《中庸辑略》等。讲学以及相互论辩的主要阵地是书院，这一时期学者的主要活动是创建与恢复书院。例如，吕祖谦在婺州丽泽书院讲学，张栻在潭州岳麓书院、城南书院讲学，朱熹在建阳寒泉精舍、沧洲精舍（后称考亭书院）和南康军白鹿洞书院讲学等，陆九渊在信州象山书院讲学。通过讲学，在1180年以前，以他们

张栻雕像

为中心的学派成为当时最为重要的学派。其中，岳麓书院、白鹿洞书院因张栻、朱熹而昌盛，丽泽书院、象山书院则因吕祖谦、陆九渊而闻名，四家之学传遍天下，这四所书院成为南宋的四大书院。

在乾淳诸老中，前期又以东南三贤最为著名。东南三贤的宗师地位，是当时士大夫、学人公认的。就东南三贤的学术宗旨与学术地位而言，12 世纪

60 年代，吕祖谦与张栻不分上下，朱熹地位最低；12 世纪 70 年代，吕祖谦地位最高，以 1173 年为界，朱熹超越了张栻，张栻与朱熹的学术地位此消彼长。

然而，张栻与吕祖谦去世后，东南三贤三足鼎立的平衡被打破，出现了“诸贤死后，议论蜂起”的情势。湖湘学派和婺州学派等开始分裂，张栻与吕祖谦门人后学纷纷师从朱熹，湖湘学派与婺州学派相对于朱子之学呈现出凋零之状。以吕祖谦为代表的婺州学派此后主要分为吕祖俭、叶适、陈亮三家，各立门庭，另有叶邽、楼昉“丽泽诸儒学派”，辅广“潜庵学派”等。这些门人后学对于婺学的继续传播和发展发挥了积极作用，他们也成为 1181 年以后朱熹学术论辩的主要对手。而张栻逝世后，他的弟子或转投朱熹门下，或师从陆九渊，或师从陈傅良，或兼学等，湖湘学术逐渐低迷。

张栻、吕祖谦之后的乾淳学术，影响最大的当为陆学。这一时期，陆学广泛传播，弟子众多，尤其在江西与浙江两地影响甚广。江西一脉以傅梦泉、傅子云等为代表形成“槐堂诸儒学派”；浙东一脉则以“甬上四先生”杨简、袁燮、舒璘、沈焕为代表，分立“慈湖学派”“絜斋学派”“广平定川学派”等。此后，陆学发扬光大，后学不坠。宋元三汤“存斋晦静息庵学派”，吴澄“草庐学派”，陈苑、赵偕“静明宝峰学派”等都有着陆学学术渊源。

在“庆元党禁”以前，南宋儒学最为重要的学术群体

有朱学、陆学和浙学。客观来讲，三者在当时的影响力是有较大差别的。尤其是 1193 年、1194 年，朱熹最主要的学术对手陆九渊与陈亮先后去世，朱熹已经成为各派公认的道学宗主。

但是，朱熹对于自我道学宗主地位的提升不是一步到位的。首先，他提升和推动周敦颐在儒学谱系中的地位，不断强化周敦颐学术的学理化意义，然后将道统概念化，肯定了道统的存在，并在阐述儒家道统的传承谱系时，隐约道出自己继承道统、领导道学的地位。他完整描述了从尧舜禹到孔孟，再到周敦颐、二程、张载以及他的老师李侗的道统学脉，以道学使命担当者的姿态，不断强化自己

白鹿洞书院

在理学谱系中的宗主地位。

淳熙七年（1180），朱熹在修复白鹿洞书院后，进行告先圣、先师的祭祀，祭祀对象为孔子及其弟子、周敦颐及二程。绍熙五年（1194），沧洲精舍落成，告先圣、先师文中将孔子、颜回、曾参、子思、孟子等，以及周敦颐、二程、邵雍、司马光、张载及朱熹的老师李侗列为祭祀对象。这篇告文第一次将圣人与朱熹先师一起祭祀，目的就是将朱熹的先师提升到“圣人”的位置，同时暗示这种道统还需要延续，接续李侗的无疑是朱熹自己。由此，朱熹获得了道学宗主领袖地位，被世人广泛承认。

陆九渊称朱熹是“群雌孤雄”，陈亮则认为吕祖谦、

鹅湖书院

朱熹与张栻鼎立，“为一世学者宗师”。辛弃疾也说，朱熹、张栻、吕祖谦鼎立于一世，成为学者至宗。其他学者甚至直接称朱熹是“天下大老”。朱熹逝世后，学者无不将他视为地位最高的道学领袖。现代学界几乎都以为朱熹在生前“代表了道学中的主流”。

朱陆比较之下，朱熹为宗，陆九渊只是“角力者”。相对于朱熹而言，陆九渊出道较晚。乾道八年（1172），陆九渊得中进士。在此之前，陆九渊的学问虽然有些影响，但他与“东南三贤”张栻、吕祖谦、朱熹相差甚远。直到鹅湖之会，陆九渊的学术也不凸显，朱陆才初识。后来，朱陆多次学术交锋，再经1181年白鹿洞义利讲学，朱熹才逐渐肯定陆九渊的学术。淳熙十六年（1189），朱熹已经将陆九渊看作与他地位等同之人了。陆九渊亦具有“继孔孟绝学，舍我其谁”的使命感，后世无数学者常常以“朱陆”并称。后来王阳明站在崇陆非朱的心学立场，将陆九渊视作“孟子之后一人”。客观来说，陆学的确不如朱学盛行，其原因就在于陆九渊“先生不寿，文公则高年；先生简易不著书，文公则多述作；先生门人不大显，朱门则多达官羽翼其教”。正因为陆九渊寿命短、著述少、门人不显贵等先天不足，其政治与学术影响力远不及朱子之学，所以陆学难以得到发展。

至于浙学，无论是吕祖谦门人后学，还是永嘉学派，在当时都不足以超越朱子之学。

总而言之，南宋是理学发展的重要时期。得较为宽容的文化政策庇护，南宋理学蔚为大观，步入辉煌之境。按照理学发展的轨迹来看，这是理学的集大成阶段，地位和影响不容忽视。这一时期，不但人才辈出，出现了朱熹、张栻、吕祖谦、陆九渊等著名理学家，而且学派林立，道南学派、湖湘学派、朱子闽学、陆九渊江西之学、浙东婺学及永嘉学派等都于此时形成，精彩纷呈。同时，还出现了大批追随理学的士人学者。更为重要的是，思想探讨越发广泛而深入，对后世理学的发展及走向的影响至深至久。

朱熹、陆九渊是南宋理学两个高峰。朱熹是宋代理学的集大成者，他对宋以前的思想文化进行了全面的总结，在前人研究的基础上建立了庞大的理学思想体系。全祖望论朱子之学，有“致广大，尽精微，综罗百代”之言。朱子学不仅被作为官方哲学统治人们的思想达 700 年之久，而且作为一个庞大的理学体系，影响了中国传统社会后期的发展。同时代的陆九渊是心学的开创者。他高扬心学的大旗，独树一帜。“宇宙便是吾心，吾心即是宇宙”和“发明本心”的深邃智慧，是中国哲学史上一颗灿烂的明珠。由于吕祖谦做中介，朱熹和二陆兄弟聚会于鹅湖，两大学术流派在这里激烈碰撞，由此开启了朱陆学术异同之争，成就了一代理学宗师。鹅湖之会后，由于朱熹指称，陆氏之学被称为江西之学。

一、理学素王朱熹

朱熹（1130—1200），字元晦，又字仲晦，号晦庵，晚称晦翁，生于南剑州尤溪（今属福建尤溪）。朱熹的祖籍为婺源，故婺源被誉为“文公阙里”。朱熹幼年为学，启蒙于父亲朱松所授程门相传之学，后受学于“武夷三先生”胡宪、刘子翚、刘勉之。此时朱熹的学习内容仍以程门之学为主，他持续留意对儒家“为己之学”的学习与体会。受师门影响，朱熹这一时期为学所走的路径，是以儒家学说为本，兼采释道。绍兴二十七年（1157），朱熹向李侗问学，其学术思想开始了逃禅归儒的转变。这是朱熹的学术思想第一次飞跃的新起点。朱熹以“经学”与“理一分殊”确立学术方向，持续关注李侗所强调的体验中和、心性问题。朱熹与以张栻为代表的湖湘学派进行了长时间的论争与探讨，有了“丙戌之悟”（1166）与“己丑之悟”（1169），

文公阙里

实现了从“中和旧说”向“中和新说”的转变。这是朱子学术史上具有划时代意义的重大事件，标志着朱熹哲学思想走向成熟。

在学术上，朱熹打造了以“理气”为中心的理本论，认为心与理是两个不同的概念，理是本体，心是认识的主体。朱熹的理气观继承和发展了周敦颐、二程及张载等人的思想学说，他的理本论吸收了张载提出的“气”一元论合理内核，又区别于张载“气之本体”思想。同时，他用“理”与“气”取代周敦颐的“太极”“阴阳”，强调“有是理便有是气，但理是本”。程朱对“理”与“气”的关系，观点本质上一致，只是对“理”“气”先后的认识有所区别。朱熹主张“理在气先”“理在事先”，程颐则认为“非知道者，谁能识之”。

陆九渊心学主张心与理是一回事，坚持以心来统贯主体与客体。朱熹与陆氏兄弟在鹅湖之会上论辩数日，并没有达到统一双方思想的目的，但使

朱熹像

他们对对方的思想及二者分歧有了进一步认识，促使他们对自己的思想进行反思。

在中国古代文化发展和文明传承的过程中，典籍有着极为重要的作用。朱熹是我国文化史上第一个将《大学》《中庸》《论语》及《孟子》集为一体并加以阐发者。他以毕生之力注释“四书”，不断地宣扬“四书”，鼓吹格物致知的理性思想学说，使“四书”的思想精髓发扬光大。朱熹传承了二程“四书学”的精华，以“四书”义理之学为基石，以道统为线，建立起完整的“四书学”思想体系，从而扭转了魏晋以来玄释之学的影响，对宋代文化乃至中国封建社会后期文化产生了极其重要的影响。朱熹把“四书”作为理会万事万物的起点，很显然，他已经用“四书”取代了儒家“六经”在经典意义上的地位。朱熹注释“四书”，既表明了他对孔子《论语》等思想的推崇与承续，也反映了他的思想有着更广阔的空间感。

朱熹的思想丰富而多彩。陈荣捷先生在《朱子之创新》一文中归纳了朱子在六个方面的创新意识：“（1）确定新儒家之方向；（2）理气关系之厘清；（3）太极观念之发展；（4）仁之观念发展之极致；（5）道统观念之完成；（6）合《大学》《论语》《孟子》《中庸》为四子。”朱熹以此建立起庞大的学术思想体系，这是其“致广大，尽精微，综罗百代”的结果，也是其折中融合中国化儒释道传统优秀元素的结果。

首先，朱熹折中融合了道家老子思想，将道家“道”本体之心、兼容阴阳与张载“气”的学说进行融合。在朱熹的思想体系中，“道”“理”“太极”是同等序列的范畴，将道、理、太极沟通在一起，道与理作为宇宙之根本，相通相济。

其次，朱熹折中融合了东汉以来的佛释之学，以“理一分殊”取代佛学“一多相摄”，成为科学的思维方式。朱熹的“理一分殊”理论还结合了周敦颐的《易通》与张载的《西铭》加以推阐。朱熹受到周敦颐“是万为一，一实万分”思想的启发，并且直接承续了程颐的“理一分殊”思想。

再次，朱熹折中融合了宋代儒学思想，使宋儒思想及学术成为他的思想的重要组成部分。朱熹之所以能够集理学之大成，固然主要因为他继承和发展了理学各派思想，同时他对经史之学各派，诸如王安石、司马光、欧阳修及苏轼等宋儒之学能够有选择地吸取，这也是不可忽视的重要原因。对宋儒的思想，朱熹既有吸收又有扬弃，使之思想更加深邃。

最后，朱熹折中融合了北宋以来理学先驱的思想精髓。朱熹发挥了周敦颐、张载、二程之人性论，以人性分天命之性与气质之性，较为完备地解决了自先秦以来对性善恶的争议。他的理论融合了《中庸》《孟子》的“天命之谓性”、告子的“生之谓性”及张载的“气质之性”合理内核，同时融合了二程思想，进一步完善了天理人欲论，提出“明天理，灭私欲”，以此作为社会伦理道德规范，极大地丰富和发展了传统儒家尤其是有宋以来理学大师的人性学说。

朱熹的思想在形成过程中广泛地吸取了各学派学说中的合理内核，继承濂、洛之学，包容了儒释道及其他地域性学派思想。而这种思想融合方式正是对儒家学说的选择、改造、综合、继承。可以说，朱熹的思想广大精微，汇纳百溪，发挥了圣贤精神。

朱熹学术体系的建构与其在江西的实践活动分不开，江西对于朱熹学术的萌生、形成以及发展有着举足轻重的作用。朱熹一生无数次取道江西，往返江西，又通过省亲扫墓、任职候任、吊慰以及行旅往来、过化存神、授徒讲学，在江西产生深刻影响。他一生中在江西的重大理学活动，主要围绕与江西之学交流论辩这个中心，其中最有影响的事件当属鹅湖之会、白鹿洞之会与玉山讲学。

朱熹在江西的理学活动是很丰富的。而朱子学与江西之学的碰撞与交流是所有活动的核心，鹅湖之会则是我们把握朱陆学说异同之争的关键。鹅湖之会是由吕祖谦发起和组织的。吕祖谦与朱熹交往数十年，有很好的私交，双方通信达百件之多，是情感上值得信赖、学术上能够交流的挚友，也是事业上可以合作的伙伴。同时，吕祖谦又是陆九渊进入官场和学术界的引路人。他发现朱熹、陆九渊学术上的分歧，便热心地出面调停，在铅山鹅湖寺拉开了这场朱陆学术异同之争的序幕。

鹅湖之辩

鹅湖之会发生于淳熙二年（1175），讨论的中心问题是理学方法论，气氛紧张激烈，双方各执己见。这是理学发展进程中一次有益的论争，对朱陆双方而言，他们从会前的对立，到会中的争辩，再到会后的反思，都获得了自身理论进步与成熟的动力。鹅湖之会前，朱陆学术已经存在较大的分歧。在哲学本体论问题上，朱熹主张“性即理”，陆九渊主张“心即理”。朱熹以心外之理为最高本体，是理一元论者；陆九渊认为天地万物之理都在我心中，心理合一，没有区别，是心一元论者。朱熹以心与理为二，心外有理，心外有物；陆九渊则以心与理为一，反对心外有物，认为“宇宙便是吾心，吾心即是宇宙”。朱熹讲心有体用，心之本体是理，是性，心之作用却是情，是物；陆九渊则讲心无所谓体用。朱熹还有人心、道心之分；陆九渊则无此分，认为人心即道心，道心即人心，只有一心。在方法论问题上，陆九渊以尊德性、发明本心为宗旨，提倡简易工夫；朱熹虽然也尊德性，但着重于道问学工夫，强调格物穷理，亦不废涵养本心。

鹅湖之会引发了朱子学与江西之学的交流与论争，会后他们对批评意见进行了深刻反思。淳熙六年（1179），陆九龄偕刘淳叟与朱熹再会于铅山观音寺，辩论彻底而无隐瞒，双方都做了自我批评。陆氏一方渐渐感到自己的学术空疏，承认不读书讲学是一种偏见；朱熹一方承认自己好高支离之病，同意就简约上做工夫。

《白鹿洞书院学规》

淳熙六年三月底，朱熹抵达南康军上任。到任后，他立即采取宽民力、敦风俗、砥士风三条措施，并在这方面做了大量的实事。而值得一提的是，他全力整顿学校和教育制度，向士子灌输周程理学思想，并花费大力气修复白鹿洞书院。朱熹兴复白鹿洞书院，并不是简单为了传播儒家思想学说，而有更深层次的目的，即复兴儒学以对抗佛道，弘扬儒学教育来改变民风，砥砺士风，传播理学。为了白鹿洞书院的正常教学，朱熹还做了很多有益的工作，并制定了《白鹿洞书院学规》。朱熹制定学规，是完整体现儒家教育观念的创举。淳熙八年（1181）二月，陆九渊带领弟子朱克家等，由金溪来南康访朱熹，请朱熹为陆九龄作墓志铭。朱熹率僚友诸生与陆九渊至白鹿洞书院，请陆九渊登讲席，发一言以警学者。陆九渊慷慨陈词，讲说了《论语》中“君子喻于义，小人喻于利”一章。白鹿洞之会是在融洽祥和的气氛中进行的，陆九渊讲学成功，标示着陆氏心学方法论的转变。但这种转变是有限的，陆九渊只是承认读书讲学确不可废，而发明本心的方法论仍无变化。

南宋绍熙五年（1194），宋宁宗登基，经赵汝愚、彭龟年等举荐，朱熹从湖南安抚使任上回到京师，任焕章阁待制兼侍讲，为宁宗讲读经典。朱熹入侍经筵 46 日，宋宁宗就将朱熹赶出了京师。朱熹回福建途经玉山时，玉山县宰邀请朱熹为诸生讲学，朱熹为后人留下《玉山讲义》。《玉山讲义》是朱熹对自己的理学体系做的一次最精约明晰的理论概括。同时，《玉山讲义》是朱熹的晚年全论，是朱熹的晚年定论，也是朱熹晚年亲切之训。《玉山讲义》包括性善、四端、气禀、天理人欲、尊德性、道问学等朱子学的主要内容。从鹅湖之会到玉山讲学，将近 20 年过去，朱熹对“尊德性”与“道问学”关系的认识有了些改变。在《玉山讲义》中，朱熹认为尊德性与道问学，“互相发明”，“亦不是判然两事”，提倡尊德性和道问学的统一，致广大和尽精微的统一，基本反映了朱熹晚年学术的全貌。

总体说来，朱熹在本体论和心性论上大大扩展了儒学思想精神的内涵，丰富了儒学思想体系，强化了儒学的教化功能，促进了中国儒学思想的发展。同时，他的格物致知精神、道德修养原则以及为学进德的方法都值得称颂。

二、心学开山陆九渊

陆九渊心学是王阳明心学的源头，也是江西地域学术的高峰。讲南宋江西理学，显然要讲陆九渊。

陆九渊（1139—1193），自号存斋，字子静，江西金溪人。因其晚年讲学于贵溪象山书院，被称为“象山先生”。陆九渊为宋明心学的开山之祖，与朱熹齐名。

陆九渊走上心学之路，开创陆氏心学，深受其祖、父辈家学渊源的影响。父亲陆贺生六子，即九思、九叙、九皋、九韶、九龄、九渊。他们个个学识不凡、卓然有成，其中九韶、九龄、九渊三兄弟最为有名，人称“金溪三陆”。全祖望称“三陆子之学，梭山（九韶）启之，复斋（九龄）昌之，象山成之”。就是说，心学由陆九韶开启，陆九龄发扬光大，陆九渊集大成。释老之言与儒家典籍，是陆九渊构建心学的材料。陆九渊少时即喜好深思。他 8 岁就觉得程颐的观

陆九渊雕像

点不符合自己所秉承的孔孟之说，13 岁就对宇宙、心、理提出自己的看法，24 岁参加乡试，以《周礼》中第四名，33 岁以《易经》再中乡试，34 岁春试南宫，获得考官吕祖谦赞赏，名声大噪。

对于陆九渊来说，讲学论辩是他一生的事业。讲学期间，陆九渊进一步阐明了他的本心学说，并培养、教育了一大批学生。此时，他的心学体系也逐渐成熟。因吕祖谦的联络介绍，陆九渊与朱熹在鹅湖寺展开学术辩论。此后，在白鹿洞之会上，陆九渊猛烈抨击了当时追逐名利的士风。朱熹深为感动，表示“当与诸生共守，以无忘陆先生之训”。会后，朱陆还通过书信展开了无极与太极之辩。淳熙十四年（1187），陆九渊在应天山（位于江西贵溪，以其山形似象，陆九渊改称象山）讲学，创建了象山书院，四方学生大增，学派声势达到鼎盛，演绎成与程朱理学相抗衡的一方学派。

在总体学术思想上，陆九渊上承孔孟，以先秦思孟学派正统传人自居，又接受了程颢“天人无二”“心便是天”“心是理”的思想影响，提出了“心即理”的哲学本体论和“先立乎其大”“发明本心”“尊德性”以成圣成贤的道德修养论，开创了心学一派，取得了与朱熹理学分庭抗礼的地位；他下启王阳明，形成“陆王学派”，深刻地影响了中国传统社会学术文化的风貌，特别是儒家思想文化的风貌。

陆九渊建构“心学”体系，一开始思考的问题便是宇宙，

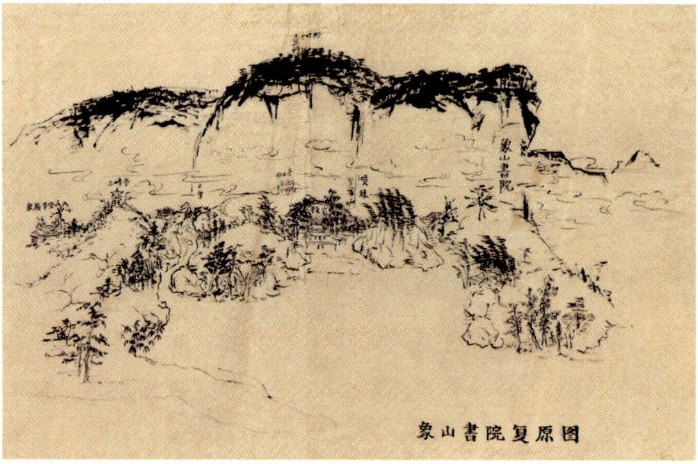

象山书院复原图

他认定“宇宙便是吾心，吾心即是宇宙”。陆九渊所讲的“心”除了具有万物本原的性质外，还是一种伦理性的实体，是一切伦理道德规范的最终根源。在陆九渊看来，心与理完全同一，理不在心外而在心内，心外无理，将“心”抬高为他的学说的最高范畴。从本质上讲，陆九渊所讲的“心”是道德理性与宇宙本体的合一，这与佛教心学仅把心作为宇宙万物的虚幻本体而不具有儒家伦理属性的思想相区别。心这种道德本体，其思维功能、伦理属性与宇宙本体三者统一。陆九渊提出，人之所以与禽兽不同，其内在根据即是仁为人心，人心中所具有的天赋的伦理意识使得人与万物区别开来。以仁为心，这是陆九渊心学的特点之一。陆九渊发展并改造朱熹以“理”为本的学说为以“心”为本，建立起缜密的心学体系。

不仅如此，陆九渊还高扬人的道德主体性，从性善论的立场出发，认为道德原则就天赋于人心之中，人人都可以据此成为圣人。因此，陆九渊以道德修养为目的的哲学体系始终围绕着“发明本心”而展开。陆九渊认为，所谓“本心”就是人先天具有的恻隐、羞恶、是非、辞让这四端善性的“仁心”“良心”，它具有一种意志能力和主体精神。在四端的基础上，陆九渊认为，仁、义、礼、智、信是人“本心”中的五种善性，它们是评判是非、善恶的伦理价值尺度。这就更加鲜明地突出了“本心”的伦理主体性，界定了“心即理”特定的道德内涵。

在规定了“本心”的上述内容后，陆九渊提出穷理致知、修养成圣成贤的基本途径是“发明本心”。那么，怎样“发明本心”呢？陆九渊提出要“先立乎其大”，这是道德修养的原则，也是内圣成德之教的关键。陆九渊的“先立乎其大”来源于《孟子·告子上》。“先立乎其大”就是要先树立本心至尊至高的地位，把心放在修养的首要位置，发挥心官的思考作用，克服耳目之官与外物接触时所产生的非礼之欲，以实现复其本心的目的。“先立乎其大”就是要树立道德主体意识，即“尊德乐道”之心或曰“尊德性”。如果不先树立道德主体意识，那么读书、修养皆是舍本求末，甚至南辕北辙。

金溪象山公园

陆九渊心学理论不仅关注道德精神的培养，还落实到伦理道德实践上。这与陆氏家风有着密切联系。陆家历来数代同堂，合灶吃饭，不分家产，保持着“诗礼簪缨”的名门风范。陆贺“酌先儒冠、婚、丧、祭之礼，行于家，家道整肃，著闻州里”。陆九渊任职为官，坚持任贤、使能、赏功、罚罪，得到宋孝宗赞许。陆九渊知荆门军时，为防御金兵南侵，带头捐款，带领军民修筑荆门城墙、开挖护城河，完成了数任知军未完成的事业。他还大刀阔斧地改革陈规陋习、整军习武，废除税卡、减免捐税，很快市场繁荣、税收大增。陆九渊还经常深入百姓，了解民间疾苦。遇到旱涝灾害或青黄不接时，他发仓救济，发展生产，缓解“民食维艰”的问题。为此，百姓们称陆九渊为“陆夫子”。

陆九渊之学不仅对于当时的宋学产生极大影响，而且对朱子学产生影响。理学体系的建构与发展，一个重要来源就是与不同学派轮番进行学术论辩，在论辩中明晰思想，在论辩中不断反思，在论辩中不断融合，在论辩中不断扩充。通过朱陆之辩，朱熹受到陆九渊影响，促使他在某些思想上发生转变。朱陆之辩后，朱熹更加重视本体论方面，包括理气关系等问题的思考，提升“气”“心”的积极意义。陈来先生认为朱陆太极之辩“标志着朱子理在气先思想的明确形成”。同时，心学越发成为朱熹的重要发展方向。这也为朱子学术心学化不断加强奠定了基础，朱子门人后学在宋元时期就有明显的心学化倾向。朱陆之辩后，朱熹更加重视对文本体系的建设，促使《四书章句集注》加快完成。他还更加重视对道德修养工夫的培养，逐步将尊德性与道问学相结合。此外，朱熹不仅看到道学外部的压力，也看到了内部学术分歧，更加重视道统体系的构建。从朱熹对道统构建的诸多阶段中，皆可以看到陆九渊之学的影响。

三、朱子门人后学

朱熹之后，他的门人弟子遍布江西、福建、浙江、安徽等省，以黄榦的传承最为重要。黄榦在江西的学术传承主要有两支：一支传于江西余干的饶鲁。饶鲁“上接黄榦，下开吴澄”，传承朱子学，发展为双峰学派。另一支则传于董梦程的介轩学派，再传至新安理学。《宋元学案》将介轩学派视为新安理学的源头。

朱熹的江西门人众多，诸如李燔、张洽、程允夫、陈文蔚、余大雅、李敬子、周谟、曹立之、黄灏、陈才卿、黄子耕、徐昭然、曾祖道、董铢、胡泳等，他们在不同时间、不同地域从学。《宋史》所列朱熹六大门人，江西门人就有李燔、张洽、黄灏三人。九江门人李燔主持考亭书院，继续传播朱子学，影响广泛持久。后来，李燔回家乡创办星子修江书院、白石书院，又与黄榦、陈宓兴复白鹿洞书院，担任堂长，一时间“学者云集，讲学之盛，它郡无与比”。江西清江门人张洽师从朱熹，其学术并非固守朱子学，而是有所发挥。张洽补朱熹之缺著有《春秋集传》，成为明初科举考试专用经典文献。

朱熹在江西各地的门人，因地缘、学缘传统，体现了不同学风。如朱熹曾知南康军，修复白鹿洞书院，四方来学者很多，因此建昌门人居多，坚守朱子之学。饶州弟子大多追随朱熹，以经术显，注重发展朱子文献学术，建立书院以教诲后学，饶州成为朱熹学说最重要的传播与发展基地。例如，程端蒙建有德兴蒙斋书院，著《性理学训》。董铢讲学于盘涧书院，著有《性理注解》，并与程端蒙合立《程董二先生学则》，作为师生必遵之条规。柴元裕仿白鹿洞书院规制建立松冈书院。另有柴中行建的南溪书院、李伯玉建的斛峰书院以及赵崇宪建的忠定书院，他们都以传播朱子学为使命。以程端蒙为中心，形成学术交游圈。其后，董梦程创建的介轩学派分布于今赣东北和安徽等地，崇尚气节，注重操守，特别重视“四书学”和易学研究，逐渐“流为训诂之学”。南宋时，信州属江南东路，是临安到西南和临安到福建的必经之路。朱熹出闽，前往徽州、临安、南康军、潭州（今湖南长沙）等多经由信州。由此，信州诸多学子纷纷从学朱熹。《宋元学案》中关涉饶信地区的朱子门人后学专列《双峰学案》《存斋晦静息庵学案》《介轩学案》等。南城学子因地缘关系，大多先后从学陆

白鹿洞书院石鹿（黄健　摄）

九渊与朱熹，凸显江西朱子学心学化的倾向。其中，南城包恢之学最为典型。包恢既为朱子门人，又为陆学二传，和会朱陆，并极力调和朱陆。他一方面尊崇陆九渊，注重存养本心，提倡静坐；另一方面，他又尊重朱熹，坚持学必有持守之功。

南宋后期，朱子学在饶信地区得到了广泛的传播，而发源于信州贵溪、抚州金溪的陆学却影响甚微。陆九渊门人主要有江西、浙东两个系列，虽然陆学发源于江西，然而陆九渊学脉的流衍远不及浙东繁荣。陆九渊的江西门人主要有傅梦泉、邓约礼、傅子云、黄叔丰等。而浙东一脉有杨简、袁燮、舒璘、沈焕，称“甬上四先生”；陆氏二传史弥忠、史弥坚、史弥巩、史弥林、史守之、史定之，称“鄞县六史”。他们活跃在鄞甬、慈溪一带，形成陆学的圣地。总体上，南宋后期，朱陆门户之见严重，学术拘守，多标榜师门以自封。

江西理学思想家在这一时期体现出明显的兼综朱陆趋向，他们以朱子学为重点，又吸收心学元素，既重原创性思想发挥，又于经学多有贡献，研究义理有渊源，议论笃实，反映出江西学术的包容性。在这方面，以黄榦、陈文蔚为代表。

黄榦（1152—1221），字直卿，一字季直，号勉斋，谥“文肃”，福州闽县人。淳熙二年（1175），他师从江西学者刘清之。第二年春，在刘清之的引荐下，他始从朱

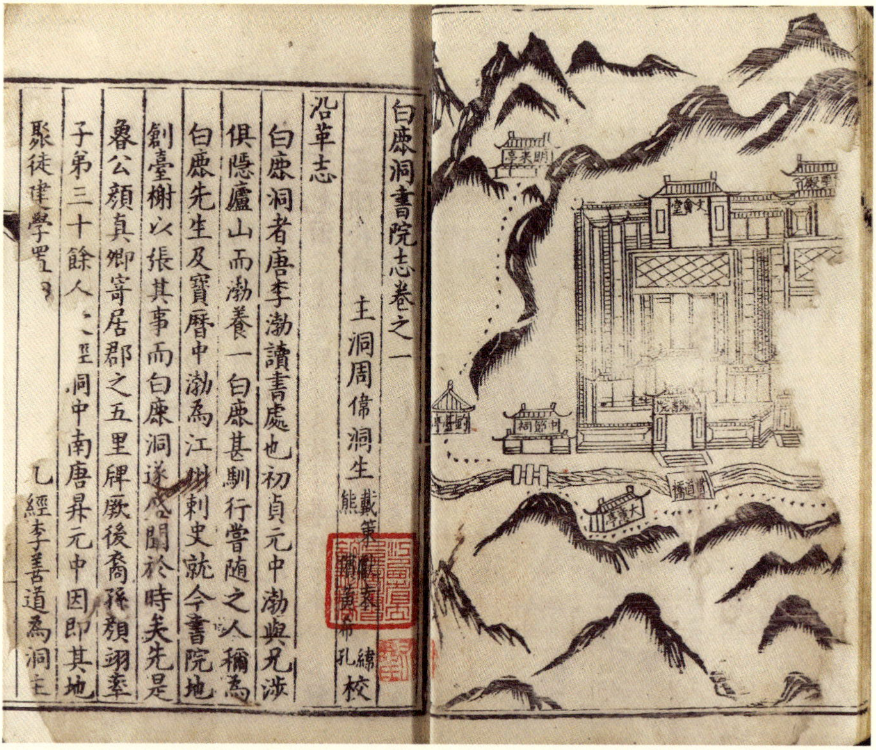
白鹿洞書院志卷之一
主洞周偉 洞生 戴 熊 綸 孔 校
沿革志
白鹿洞者唐李渤讀書處也初貞元中渤與兄涉
俱隱廬山而渤養一白鹿甚馴行嘗隨之人稱爲
白鹿先生及寶曆中渤爲江州刺史就今書院地
創臺榭以張其事而白鹿洞遂名聞於時矣先是
魯公顏真卿寄居郡之五里牌厥後裔孫顏翊率
子弟三十餘人至洞中南唐昇元中因即其地
聚徒建學置 經李善道爲洞主

明万历刻本《白鹿洞书院志》

熹求学。黄榦是朱熹的女婿，亦是朱熹的弟子。他随侍朱熹的时间最长，师生情谊甚笃，分隔两地时，朱熹屡次透过书信，召黄榦前来研讨学术。黄榦与同门弟子的情谊也很深厚，时常互通书信。嘉定元年（1208）、嘉定五年（1212），黄榦先后任江西临川县令、新淦（今江西新干）县令。在朱熹逝世之后，许多学者转而拜入黄榦门下，黄榦肩负起阐扬师说的责任，致力于接引后学。此外，黄榦能用宽缓的态度调和朱子学、陆学之间的冲突。当时，朱陆第一代门人之间，仍旧保持友好关系，且在平和的气氛下，陆学门人袁燮等人试图求取朱陆问题的平衡点。

陈文蔚（1154—1239），字才卿，学者称其克斋先生，信州上饶县人，著有《陈克斋集》《易传》等。陈文蔚终身未仕，家境清贫，却依然致力于学术研究，曾讲学于信州州学、龙山书院、袁州州学、南轩书院、饶州州学、白鹿洞书院等。陈文蔚论学，多半是遵循师说，针对学者的疑惑，亦是参照朱熹

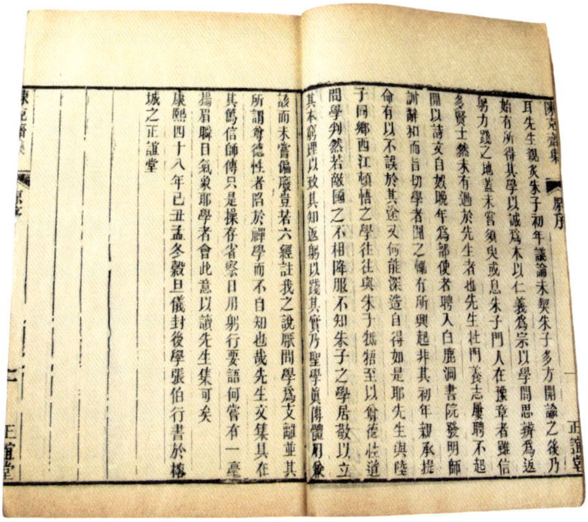
陳克齋集　原序　一　正誼堂
耳先生親炙朱子初年議論未契朱子多方開諭之後乃
始有所得其學以誠爲本以仁義爲宗以學問思辨爲返
躬力踐之地蓋未嘗須臾或息朱子門人在豫章者雖信
多賢士然未有過於先生者也先生杜門養志屢聘不起
間以詩文自娛晚年爲部使者聘入白鹿洞書院發明師
訓辭和而旨切學者聞之幡有所興起非其初年親承提
命有以不誤於其途又何能深造自得如是耶先生與陸
子同鄉西江頓悟之學往往與朱子牴牾至以[illegible]
問學判然若敵國之不相降服不知朱子之學居敬以立
其本窮理以致其知返躬以踐其實乃聖學眞傳體用兼
該而未嘗偏廢豈若六經註我之說厭問學爲支離並其
所謂尊德性者陷於禪學而不自知也哉先生文集具在
其篤信師傳只是操存省察日用躬行要語何嘗有一毫
揚眉瞬目氣象耶學者會此意以讀先生集可矣
康熙四十八年己丑孟冬穀旦儀封後學張伯行書於榕
城之正誼堂
陳克齋集　原序　二　正誼堂

《陈克斋集》

的思维予以答复。然而，这并不意味着他的学术观点与朱熹完全相同。对照陈文蔚与朱熹、同门友人对义理的看法，便能察觉他们思想中的异同。

陈文蔚虽服膺朱熹的教诲，却不盲从师说，一旦存疑，必定设法向朱熹请教。即使无法亲诣师门，陈文蔚仍会借由书信征询朱熹的意见。不过，关于物是否具有仁、义、礼、智的问题，陈文蔚、朱熹的看法略有出入。陈文蔚与同门友人常有学术上的研讨，他与徐侨对心、性、情的看法并不相同，他与吴必大、徐昭然对诚的看法亦不相同。陈文蔚平日颇重视工夫的践履，常与朱熹谈论近日践履的成效。他对自身要求甚严，居家闲暇时，读书、存养工夫未曾懈怠。通过《陈克斋集》，可知其学术、言行多半是遵循师训，深切警醒，工夫以践履为先。

总体说来，在朱子学派内部，朱熹本人的学术竞合观念对朱子学的形成、发展具有决定性作用。此外，不可忽视的一个重要问题是，朱熹门人弟子由于从学时间、问学机缘，特别是学术竞合观念的差异，使得他们在传播、传承朱子学的过程中产生了不同的影响。

第四章 元代江西理学

YUANDAI
JIANGXI LIXUE

元朝统一全国后，继续将程朱理学作为统治思想的工具。元代是理学传播、普及并上升为官方哲学的时代，程朱理学被列为官学，成为主导思想。元代理学总体上“不过衍紫阳（朱熹）之绪余”，程朱理学居主导地位，陆九渊心学呈现衰微态势。但是，在这一时期，又出现了朱陆合流的倾向。

江西是元代理学发展的重要地域，以饶州、信州、庐陵、抚州、婺源为重镇，形成了理学三大群体，即以饶鲁、鄱阳三汤、谢枋得为代表的饶信理学家群体，以吴澄、程钜夫、熊朋来为核心，以虞集、揭傒斯等为门人后学的庐陵、抚州理学家群体，以及以胡炳文、胡一桂、程复心为代表的新安理学家群体。

一、和会饶信理学

饶州、信州地处赣东北，是北方学术进入江西的门户之地，也是南北学术交融地，这对饶信理学得到进一步发展带来了契机，并且影响着饶信地区的理学家们，为他们思想的形成奠定了基础。元代江西理学朱陆和会的特点，在饶信理学家中得到了充分的体现。从饶鲁的“不尽同于朱子”、程若庸的“不尽合于朱子”，到汤汉“会同朱陆之最先者”，及程绍开的“和会朱陆”，饶信理学家最早提出和会朱陆，最终由吴澄集大成，完成了和会朱陆的转变。其间，不仅有朱子学者的和会，也有陆九渊后学的努力。陈苑在朱子学盛行、陆学衰微之际，以倡扬陆学为己任，使陆学在赣东北地区传承不绝，且由陆入朱，走上了由陆学而和会朱陆的道路。饶信理学家们对元代理学的发展起到了重要作用。

理学大家饶鲁是饶信理学传播的关键人物，被誉为“江右理学巨子”，《宋元学案》把饶鲁定位为“上接黄榦，下开吴澄”。

饶鲁（1193—1264），字伯舆，自号双峰，饶州余干人。他曾掌教白鹿洞、濂溪、东湖、临汝等书院，景定元年（1260）荐授迪功郎差饶州州学教授。

作为朱熹的再传弟子，饶鲁的理学思想属性是朱子学范畴。在本体论上，饶鲁认为宇宙的根本是道、太极。他把理作为气之主体，同时，气与理又相即不二，这就直接承袭了朱熹的理气论。在人性论上，饶鲁认为“天地之气以为形，天地之理以为性”，人性本是善的，但由于“本然之性寓于气质之性中”，造成了善与不善的区别。因此，在人性论上，饶鲁与朱熹的观点也是一致的。在为学之道上，饶鲁提倡“待此心宁后”静坐，类似于陆九渊教人“终日静坐，以存本心”的工夫。饶鲁在理气观、人性论等方面师承朱熹，但在方法论上又吸取了陆学的精华，呈现出和会朱陆的趋势。饶鲁这种和会朱陆的思想影响了他的弟子。在饶鲁众多弟子中，程若庸是其高足。他执掌临汝书院20余年，培养了一大批学子，其中最著名的当属程钜夫和吴澄。

事实上，除了饶鲁和会朱陆之外，宋末元初朱子学在饶信还有另一支重要力量，就是鄱阳“汤氏三先生”，即存斋先生汤千、晦静先生汤巾、息庵先生汤中三兄弟。从学缘来看，三汤皆师从柴中行和真德秀。柴中行是朱熹的

临汝书院

私淑弟子，真德秀是朱熹的再传弟子，因此三汤是朱子学的第三代学术传人。三汤之中，汤千、汤中皆恪守朱子学，而汤巾则由朱入陆，并传其学于从子汤汉。汤巾、汤汉已逐步兼容了陆学，且最终摆脱朱子学，走上了和会朱陆、由朱入陆的道路。尤其是汤汉，他先是和会朱陆，继而由朱入陆，成为“会同朱陆之最先者”，故《宋元学案》将其列入《金溪续传》。

汤巾传学于徐霖。徐霖，字景说，史称其“当咸淳之际，开讲尤大有名”。徐霖转入陆学，有和会朱陆的倾向，但同时仍然坚持朱熹读书笃实的工夫，并非完全做“打坐”禅悟的修炼。徐霖传学于信州徐直方，徐直方交好于程绍开，他是程绍开的学术同调。程绍开，字及甫，号月岩，信州贵溪人，曾以布衣之身掌教贵溪象山书院。程绍开的学术观点与汤巾、汤汉相似，主张和会朱陆两家之说。吴澄也与程绍开相交甚密，自称其弟子，因此《宋元学案》把吴澄列为月岩门人。

饶信和会朱陆的学者还有谢枋得。谢枋得是江西弋阳人，号叠山，师从徐霖，为汤巾的再传弟子。谢枋得胸怀大志，要承当“程朱之事”，在宋亡之后，绝不仕元，五次却聘，绝食殉国。但同时，谢枋得对陆氏心学性命道德之说尤加尊崇。谢枋得身体力行陆氏心学之性命道德言论，为后世崇敬。当然，谢枋得既崇信陆学反求吾心的原则，也讲究朱子读书穷理的为学工夫。

综上所述，饶信理学家们开和会朱陆之先河，最后由吴澄集和会朱陆学说之大成，成为和会朱陆第一人，从而完成了元代理学家们由朱入陆、和会朱陆的历程。

总体上，元代陆学是衰微的。但是，陆学在饶信等地顽强存续，出现了以上饶陈苑和“江东四先生”为代表的陆学学术群体。

陈苑（1256—1330），字立大，信州上饶人，学者称其“静明先生”。陈苑自小学习儒家学术，后读陆九渊之书，幡然醒悟，以倡扬陆学为己任，喊出了“万物皆我，我即万物”的口号，强调为学之道在于“心恒虚而口恒实”，坚持“惟日孜孜究明本心”。

盘山曲径

象山书院

当时朱子学盛行，程朱理学成为科举考试的法定教材，学子为求仕进，非朱子之书不读，陆学乃“遗世所尚”。在这种风气下，陈苑倡导陆学，遭到很多人的误解甚至讥笑，但陈苑矢志不渝，恪守陆学。在他的不懈努力下，陆氏之学得以传衍。因此，黄宗羲评价他是“笃信而固守，以嗣槐堂之绪”的标杆。

陈苑的弟子中以祝蕃、李存、吴谦、舒衍最为著名。四人志同道合，人号“江东四先生”。他们都以倡扬陆学为己任，为陆学的传播起到了非常重要的作用。值得一提的是，祝蕃的弟子中有危素。危素，江西金溪人，是吴澄的弟子，又是祝蕃的高弟，是陆学六传。危素以陆学为主，以朱子学的笃实填补陆学的空疏。李存以陆学的发明本心之法直斥朱子学的外求格物，谨守陆学。陈苑和“江东四先生”在饶信地区结为学术群体，致力于研究和弘扬陆学，认为陆学乃圣贤之道。他们坚守陆学阵地，使陆学在赣东北地区传承不绝，并由陆入朱，同样走向和会朱陆之路。在他们的不懈努力下，陆学经过长时间的沉寂后，在元代中期信州、饶州、抚州一带再次兴起，影响深远。

二、朱王过渡吴澄

自北宋以来，抚州就是理学兴盛之地。南城李觏之学、金溪陆九渊心学都在此安营扎寨。即便朱子学在宋末及整个元代占据着学术的核心地位，陆九渊心学也有一定的地位和影响力。朱熹西入湖湘及东归入闽，多取道抚州。此地虽为陆学腹地，但是受学于朱子学者亦很多，俞庭椿、黄日新、陈芝、甘节、黄义刚、黄义勇、吴琮、吴玭等皆为朱门弟子。朱子之后，黄榦在抚州多有教化，传播朱子之学，已经形成了陆学、朱子学在此交织和延续的状态。继饶鲁后，草庐先生吴澄是宋末元初南方朱子学成就最大的后继者，成为朱子学群体最具代表性的人物。吴澄之学在理学气息浓厚的宋末就已经基本成形，其源于黄榦、饶鲁、程若庸，吴澄又师从以和会朱陆为学的程绍开，因此他不仅继承朱子学，更注重发展朱子学。

吴澄（1249—1333），元代江西著名理学家，字幼清，号草庐，抚州崇仁人，与许衡齐名，世人称“南吴北许”。吴澄 16 岁时，随祖父参加乡试，遇到临汝书院山长程若庸，于是师从程若庸，从他那里第一次系统地接触了程朱学说，醍醐灌顶。自此，他不再致力于科举辞章之业，而专务圣贤之学，毅然以圣人之道自任。其思想主要继承朱熹学派，但由于他和陆九渊是同乡，因此受陆学的影响也很大，出于对前辈先贤的推崇，他努力和会朱陆。吴澄在学术上以朱熹为宗，奉朱熹之说为圭臬，致力于探寻朱子学本旨，阐扬朱子学未尽之蕴。宋度宗咸淳三年（1267），19 岁的吴澄著《道统图并叙》，叙述了儒家道统历代传承和发展的脉络，慨然以接武朱熹，承继道统为己任。

吴澄画像

吴澄之学源于朱熹，他是朱熹四传弟子，其理学思想总体上属于程朱理学。元代虞集说：“先生之学，程子之学也。”但他又不迷信盲从朱子学，对于朱熹等往圣前贤之说，“疑其所可疑，信其所可信；去其所当去，存其所当存”，进一步丰富和发展了朱熹思想。

同时，吴澄又认为陆九渊之学出于孟子，是尧、舜以来一以贯之的儒家思想，也是儒学之正统，并非狂禅。因此，吴澄在学术上不株守朱子学，而是在朱子学的基础上兼宗陆学，认为陆学中也有圣学

吴澄在故里咸口讲学处“正中堂”旧址（黄洲　摄）

不可或缺的学问，主张和会朱陆，互为补充。全祖望既说“然草庐之著书，则终近乎朱”，又说“草庐多右陆”，呈现出明显的朱陆合流的学术特征。

吴澄在本体论上接受了朱熹“理者气之理，气者理之气”的理本论思想，但又否定了朱熹“理在气上，理在气先”的说法，同时吸收陆九渊“阴阳即道”的观点，对朱熹的“理先气后”说进行了改造，提出了“理气未始相离”的主张，使其本体论更切近人伦日用。吴澄认为宇宙皆本于“一气”，他一方面认同朱熹以太极为形而上之理，为精神本体的主张，但又做了更多的阐发。在道器关系上，吴澄主张道器不离，二者“合一无间”。在心性论上，程朱主张“性即理”，陆九渊主张“心即理”，吴澄则提出了“心事不离”的心性观。在认识论上，吴澄既继承朱熹即物穷理的观念，又肯定陆九渊“先立乎其大”的重要性，主张将二者结合，通过和会朱陆，建立起一个精致的理学思想体系。

吴澄和会朱陆之学，提出了以“心事不离”“心理不离”为主要特征的心性修养说，既不同意朱熹将“理”与“心”看作两物的观点，也不认同陆九渊专事于心的心性修养说，从而克服了朱陆两家在心性修养问题上的偏颇。

吴澄是元代学问最渊博的理学家、经学家和教育家，被称为元代国之名儒。其学术宏博深远，著作等身，名震朝野，所以说，“晦庵（朱熹）之后，终是草庐”。吴澄和会朱陆，基本上是站在朱子学的立场上，吸纳心学的因素，代表了元代理学发展的方向，最终导致明代心学的产生。吴澄上继孔孟之道，近承程朱之统，并得道统之要，位于道统之列，其理学思想成为宋代程朱理学向明代阳明心学转折的过渡。

程朱理学在元代成为官方哲学，真正对士子具有导向作用，使之风行天下的，是将程朱理学与科举考试和士子的仕宦前程紧密联系。在确定科举考试以程朱理学为宗的过程中，抚州南城人程钜夫发挥了重要作用，成为江西理学群体中又一个代表人物。

程钜夫（1249—1318），初名文海，因避元武宗海山名讳，改用字代名，号雪楼，又号远斋。他对于朱子学发展的最大贡献在于崇尚务实、倡导事功，推动朱子学的官学化。皇庆二年（1313），他偕李孟、许师敬议行贡举法，建言“经学当主程颐、朱熹传注，文章宜革唐、宋宿弊”，得到朝廷采纳。另外，程钜夫历仕四朝，陆续举荐了赵孟荻、赵孟頫、张伯淳、包铸等 20 多人，为促进元初南北文风的融合做出了贡献。尤其是程钜夫建议取会江南仕籍、通南北之选、实行科举考试，并从四书五经中命题，以朱熹集注作为标准答案，从而使程朱理学取得了官方哲学的地位，在体制上把理学带入元朝，使程朱理学在元朝传续不绝。同时，他力纠宋末以来理学家高谈性命、流于空疏之弊，提倡事功之实，为理学注入务实之风，使元代理学呈现务实的特征。

程钜夫通过制定科举章程，从体制层面确立了程朱理学的官方哲学地位。丰城熊朋来则通过制定江南儒学章程，扩大了朱熹理学在南方的影响力。

熊朋来（1246—1323），字与可，学者称“天慵先生”。熊朋来是宋末元初著名的音乐家兼经学家，他学问精深，是南宋咸淳十年（1274）进士第四名。宋亡之后，他讲求气节，不肯任职元廷，隐居乡里，以授徒讲学为生。熊朋来乡居讲学期间，以朱熹《小学》为教材，作《小学标注》，积极宣讲朱熹理学，“学者家传其书，几遍天下”，在当时影响很大。

熊朋来还是著名的教育家，其卓越的学术才华赢得了很多学者、官员的尊敬。程钜夫在江南求贤时，熊朋来被举荐到大都，“儒者咸依以为重焉”，纷纷向他问学求教。熊朋来后来被江西行省参政李世安、徐琰等举荐为闽海提举儒学官。熊朋来主持制定了官办儒学的制度章程学规，后来颁行江南三省，成为江南儒学共同遵守的指导性规章。

与其他地域理学发展不同，江右之庐陵、抚州不仅前期理学成就突出，而且具有连续性，在元代中晚期也保持了旺盛的生命力，甚至超越了前期的发展。元代中后期以虞集、揭傒斯等人为代表的江右庐陵、抚州学者对理学发展贡献最大。

虞集、揭傒斯与浙江柳贯、黄溍并称“儒林四杰”，虞集、范梈、揭傒斯与福建杨载被称为“元诗四大家”。他们以乡缘、亲缘、师缘、友缘相结合，以馆阁文臣为中心，组成江西文人群体。他们共同推动了元朝中期盛世文风的形成，逐渐占据元朝文坛。此外，有新喻（今江西新余）傅若金、金溪危素等。他们不株守朱子学门户，和会朱陆，将天理与本心相结合，又注意吸纳其他学派的思想，使得江西理学走在时代前列，反映了元代江西集理学、文学与史学成就于一体的学术特点。可以说，元代中后期是江西理学最为鼎盛的时期。

虞集画像

虞集（1272—1348），世称邵庵先生，师承同邑理学大师吴澄。《宋元学案·草庐学案》称其“以治经名世”，而元人及后世对其的评价更多地着眼于文学层面。尤其在天历、至顺年间，虞集主持奎章阁，推行汉化文治政策，与马祖常、欧阳玄、揭傒斯、袁桷以及柯九思等互相唱和，促成馆阁诗风。在理学涵养上，虞集虽不及吴澄，但是在继承朱子、吴澄之学的基础上，虞集的理学也取得一定成就。首先，他推崇朱子学，以为朱熹“无所择而无不当”，并发挥朱子学。虞集认为，朱子学之所以能够成为“国是”，就在于朱子能够继先圣之绝学，追求义精理明，立德立言，从而实现“正乎道统之传”。与此同时，虞集并不恪守朱子学，而是有所发挥，有所修正。如在理气论上，朱熹提出“天下未有无理之气，亦未有无气之理”，理气有先后，强调“理在气先”，吴澄则认为“气以理为主宰”，而虞集认为“惟君子以理命气”，前后一脉相承而又有所差异。其次，虞集的学术思想融会百家、通融达观。虞集的学术渊源非常广泛，他不仅从学吴澄，而且遍求诸师，注意多种儒学的融合，尤其对程学、苏学乃至荆学进行吸收。作为“儒林四杰”之首，虞集并没有门户之见，赵汸认为虞集“不专主一家，必博考精思以求致用之道”。可以说，南宋以后百家融会，而归于静深澄淡者唯虞集一人而已。虞集融会百家、通融达观还有一个重要表现，就是兼取陆九渊心学。他肯定朱陆之学都是全体大用之学，应当“互有发明”，和会朱陆。最后，虞集吸收功利之学的有益成分，勇于追求“经济最优”。对于被朱子视为“异端”的功利之学，虞集亦给予了充分的肯定与理解。最为重要的并不是虞集在理论上给予支持，而是深入实践，提出了垦墅法，得到肯定。朱轼称赞道：“元之名人才士，惟集于经济最优。”

揭傒斯画像

此一时期，揭傒斯也是江西理学的重要人物。揭傒斯(1274—1344)，龙兴富州(今江西丰城)人。他曾从游程钜夫，并受其举荐。揭傒斯学术思想的一个重要方面就是以理学思想指导史学观。揭傒斯参与修撰《皇朝经世大典》，编修宋、辽、金三史，形成了理学史观，并产生巨大影响。揭傒斯强调并发挥理学“明伦”意义。他认为明伦之说根在六经，核心就是君君、臣臣、父父、子子，“君不君则天道乖，臣不臣则地道睽，父不父、子不子则人道绝”。揭傒斯继承朱子学历来注重帝王心术的传统，强调“人君正心术以立纲纪”，而且有所发展。揭傒斯将心术观的适用范围扩大到对史学各层次历史人物与事件的评价，将心术与学问、文章、史事联系起来，作为其理学史观的重要元素，从而使宋代儒家“正心”观念发展为元代史学领域的心术观。揭傒斯率先从修养论层面提出史家心术的概念，将“求理义之当”作为最重要的评价标准。由此可见，揭傒斯的心术观无疑是朱熹思想在元代的新发展。

三、正学新安理学

南宋是新安理学的形成时期。新安理学由“介轩之学”传承发展而来。朱熹曾两次回婺源省亲扫墓，从学者很多，这奠定了新安理学良好的学风，为新安理学培养了诸多骨干。他们环护在朱熹周围，精研性命义理之学，发明“四书”“五经”之奥义，确立了阐发朱子学的学派宗旨，形成了以徽州籍理学家为主干，奉朱熹为开山宗师的新安理学。新安理学崇尚朱子，以朱子学为宗，成为朱子学的正统学派。

元代是新安理学的发展时期。这一时期的新安理学家主要在朱子学晦暗难明、解说有异的情况下，致力于排斥“异论”，阐明朱子学本旨，维护朱子学的纯洁性。

在这一时期，新安理学家群体针对朱熹之后“异说”纷起的学术界状况，力主朱子学，努力探寻朱子学本旨，严立门墙，排斥“异论”。同时，元代新安理学家崇尚气节，不仕元朝，将精力集中于讲学授徒，培养了一批有一定建树和影响力的新安理学传承者，出现了人才辈出、学术研究深化和普及读物大量涌现的新气象。

新安理学家对朱子无限崇仰，唯朱子是尊，尤其以婺源的胡炳文、胡一桂、程复心等为代表。他们热衷于对朱子学进行解释，逐渐“流为训诂之学”。他们还注重编写理学普及读物，编纂了一系列理学初级读本，使初学者更容易步入朱子学门庭。通过对理学著作进行解读注释，程朱理学的义理更加通俗化、普及化。

胡炳文（1250—1333），字仲虎，号云峰，学者称云峰先生，为婺源考水明经胡氏后人，被称为东南大儒。他有深厚的家学渊源，在笃志家学的同时，潜心朱子之学。其祖父胡师夔，号“易简居士”，曾求学于朱子之门，学通五经，尤精于《易》，有《易传史纂》等传世。其父亲“孝善先生”胡斗元，自14岁起就师从朱子从孙朱洪范，深研易学。胡炳文秉承家学传统，一生致力于研究、弘扬朱子学说，潜心“四书学”及易学研究50年，对于朱子所注“四书”用力尤深。他著作丰富，著有《四书通》28卷、《云峰集》10卷、《周易本义通释》12卷以及《书集解》《春秋集解》等，前三种著作被《四库全书》收录。至元二十五年（1288），他任江宁教谕，后任信州路学录和道一书院山长，被尊为一代名儒。至大三年（1310），他在家乡与族侄胡淀、胡澄共同创建明经书院。明经书院规模宏大，有房屋 200 间，胡氏子弟无论贫富，四方学子不管远近，都可以在此读书求学。

针对饶鲁以来的朱子学诸儒各行其是，众多注疏或杂乱或错误，很多地方与朱熹之说相抵牾，失却朱子本意，令学者感到无所适从的状况，胡炳文以朱子学术为标准，以赵顺孙《四书纂疏》、吴真子《四书集成》为主体，博采诸儒各家解说，汇其同、辨其异，作《四书通》，注解朱子著作，正本清源。《四书通》把与朱子之说不相符合的解释全部删除，把有所发挥但不违背朱子本意的解释附录于后。

虽然胡炳文有强烈的宗朱学术旨向，但是其思想明显受到陆九渊心学的影响。胡炳文的《四书通》是以“明明德”统领《大学》三纲领，而且将“明德”定义为“吾之本心”，从而使其理论着眼于“本心”，进而提出“心外无理，理外无事”的观点，通过将“心、理、事”三者合一，纠正朱子后学支离与空虚之弊。他在继承朱子理学的基础上，吸取陆九渊心学思想，融会贯通。

作为易学名家，胡炳文著有《周易本义通释》。他先叙述《周易》之经、传文，再加上朱子之注，最后以“通曰”附上自己的解释，以此体例通释朱子《周易本义》。他既详细阐述《周易本义》之已解条目，又发《周易本义》未发之义，且力排诸家训释，其独崇朱子之情随文可见。

胡炳文在《周易本义通释》中探究精微，阐明幽奥，对朱子之注多有发挥，有功于朱子。

胡炳文创办明经书院，致力于朱子学说的普及。他注重蒙学教材的编写，他说："蒙学宜择严师，故以师儒之教为先。师虽严，父母溺爱不可也，故父母之教次之。教在父师，学在己，故勤学又次之，然学莫大于明伦。"他的《纯正蒙求》就是为刚入学的儿童编写的启蒙教材。《纯正蒙求》分3卷，每卷120句，共360句，篇幅虽然不长，但内容丰富，集古代嘉言善行、名物典故于一体，各以四字属对成文，并分别注明出处，对少年良善品格的培养大有裨益。《四库全书》对此书给予了很高的评价，认为它与朱子《小学·外篇》足相表里，固未可以浅近废也。

朱熹后学胡一桂也是新安理学的重要代表。胡一桂（1247—？），字庭芳，号双湖居士，延祐初卒。他生而颖悟，好读书，尤精于《易》。景定五年（1264），年仅18岁的胡一桂中乡试，但会试落第，于是退而讲学，学者尊为"双湖先生"。他的理学思想主要来源于家传易学，以及德兴董梦程的学生沈贵珤。

其父胡方平一生隐居乡里，授徒著述。他本着"发朱子未尽之意"的主旨，为弘扬朱子易学，著《易学启蒙通释》，以阐发朱熹《易学启蒙》之意蕴。胡方平撰写该书的目的，是教导其子辈，将朱子易学思想进行解释，使之通俗易懂。可以说，胡方平在易学研究史上是占有一席之地的，具有发明朱子易学之功。明代杨士奇曾评价道："朱子《易学启蒙》，惟胡方平本最善。"

胡一桂得家学传承，专治易学。《元史》云："一桂之学，出于方平，得朱熹氏源委之正。"他著有《易本义附录纂疏》《易学启蒙翼传》两部易学著作。其治《易》专注朱子学，是元代朱子易学的忠实维护者，以朱子卫道士自居。他的《易本义附录纂疏》就是以朱熹的《周易本义》为底本，取朱熹《语录》《文集》中论及《易》者附之，谓之"附录"；又取诸儒易说与朱熹《周易本义》相合者纂之，谓之"纂疏"。胡一桂还吸取朱子的伏羲、文王、周公和孔子"四圣"划分法，提出了"四圣易象说"，认为四圣之象既有同，又有异，后圣对前圣既有继承，又有发展。胡一桂易象学的核心思想，显然继承和发展了朱子学说。为此，陈栎在《祭胡双湖先生文》中评价胡一桂为"晦翁忠臣"，他成为元代新安理学家中严守朱子学门户的易学代表。胡一桂学术流传甚广，影响重大，明初钦定的《五经大全》中的《周易大全》就收录了胡一桂的易学思想。

胡一桂总结和阐发了宋元以前的象学，对后世象学的研究有很大的启发。若没有胡一桂等人对易象的总结，很难想象会有清儒惠栋、张惠言、焦循等人对易象的考辨。此外，他还著有《诗集传附录纂疏》《十七史纂古今通要》《人伦事鉴》《历代编年》等著作，其中《十七史纂古今通要》和《易本义附录纂疏》《易学启蒙翼传》一道被《四

库全书》收录。

在新安理学家群体中，程复心为解释、传播朱子“四书学”，使其更加简明化、普及化做出了巨大贡献。他历时二三十年，撰成《四书章图纂释》。这部著作列图750余幅，以图文并茂的方式对朱子《四书集注》做了独特的诠释，成为图解“四书学”的典范，奠定了图解“四书学”的基本格局，使朱子“四书学”进一步社会化，为广大民众所接受。

总之，元代婺源的理学家们生活在朱子故里，尊崇朱子，“读朱子之书，服朱子之教，秉朱子之礼”。他们致力于朱子理学思想的解释、阐发和普及，固守朱子学本旨，捍卫师门成说，同时排斥“异说”，致力于维护朱子学的权威性和纯洁性。但这也妨碍了学术的争鸣与创新，有碍于朱子学进一步发扬光大。

第五章 明代江西理学

MINGDAI
JIANGXI LIXUE

出于巩固和加强君主专制集权的需要，明朝统治者一如前朝，特别重视程朱理学维护统治的效用，将程朱理学钦定为官方哲学。朱熹的《四书集注》被奉为金科玉律，“使天下之士，一尊朱氏……非朱氏之言不尊”。随着《五经大全》《四书大全》《性理大全》在明成祖永乐年间编定颁行，程朱理学更被奉为“一道德而同风俗”的指导思想，获得了主导学术思想的统治地位。在此过程中，程朱理学逐渐沦为士子求取功名利禄的工具而变得教条化，失去了原有的创新力和生命力，出现了“科举盛而儒术微”的状况。

明代江西理学的发展，可以说是明代学术思想发展的一个典型缩影。一方面，江西是捍卫程朱理学的一个主阵地，涌现出吴与弼、胡居仁、娄谅等一大批理学家。尤其是吴与弼的弟子胡居仁、娄谅等开启的“余干之学”，对朱子学说多有发明，成为理学在江西最有力的传播者。与此同时，江西泰和还有一位著名的理学家罗钦顺。他接受并改造了朱熹理学，对王阳明的良知说进行了全面批判，是理学演变中的一位重要思想家。另一方面，江西成为阳明学产生、发展的重要阵地，“阳明一生精神，俱在江右”，此后还形成了以邹守益为代表的江右王学群体。程朱理学与阳明心学交相辉映，共同编织了明代江西绚丽的思想图景。

一、崇仁、余干之学

随着明朝对程朱理学日益重视，将其视为官方学术，江西涌现出一大批以朱子学为主流学术背景的理学家。明朝初期有新喻梁寅，丰城朱善，吉水解缙、胡广，泰和杨士奇，清江聂铉，新淦金幼孜等，前中期有崇仁吴与弼，余干胡居仁，上饶娄谅、杨时乔，广丰吕怀等。这些理学家又反映了明代前期与中期的学术流变，形成了具有强烈政治性、正统性的宗朱意识，以及以道艺双修为取向的江右理学群体。其中最具有代表性的无疑是吴与弼的崇仁学派和胡居仁、娄谅的余干之学。

吴与弼（1391—1469），字子傅，号康斋，江西抚州崇仁人。以其为核心所形成的学术群体被称为“崇仁学派”，是明前期极具影响力的学术群体之一。吴与弼与薛瑄并称“南北两大儒”，其弟子有娄谅、胡居仁、罗伦、谢复、胡九韶、陈献章、周文、杨杰等。

吴与弼的思想源于程朱之学，注重“向上工夫”，推崇格物穷理、存理灭欲等理学修养方法与实践。他赞同朱熹“理本论”，主张“天人一理”，认为人世间的伦理道德是由天理决定的，人之所以为人，人之所以有五伦，都是“以其有此理也”。由此，他强调“天道”与“人道”、“自然”与“人为”合一。这一观点和程朱的观点是一致的，是对程朱思想的直接继承。但是，吴与弼的理学思想并不注重探讨天道自然，而主要讲身心修养。因为生活环境的压迫和物质的窘迫，他更多地从精神修养中去寻求解脱，从而关注身心修养、端正品行、坚守名节等问题。他私淑古圣先贤，专于人格修养，在他的著述中谈得最多的就是身心修养问题，其所存《康斋集》可以说是他一生道德修养体会的记录。

吴与弼画像

吴与弼还肯定朱熹“居敬穷理”的积极意义，视“与理为一”为人生的最高境界，达到“与理为一”的手段是“敬”。他同时认为，“敬”也是涵养心性的重要手段，“心是活物，涵养不熟，不免动摇”，因此，持“敬”是为了养“心”。他既强调对朱子“涵养性情”的体认，又重视磨砺自家身心、“涵养本心”，抬升了心体意义。为了实现心的本体境界，吴与弼主张“洗心”“磨镜”，去掉蒙蔽在心体上的尘垢，以显露其固有的善性。他认为只要敬以自持，此心自然收敛，“读书明理”便成为可有可无、锦上添花的工夫；反之，即使日夜苦读，也照样无济于事。吴与弼这种理本于心、内具于心的思想不同于朱熹的心体说。他是从人生境界方面体验并阐发“心”的本体意味，彰显了对朱子理学“心之体用”关系的创造性转化。

吴与弼是一位程朱学者，主要关注的却是心学问题。在他的心学理论中，心不仅是一个认识主体，而且是一个伦理本体。由此，他不仅认为仁、义、礼、智本具于心，而且认为心之外还存在着天命，而人在天命面前是无能为力的，只能“一听于天”。所以，他的修养方法偏重于“敬以直内”“反求于心”，径向心上求，也注意到读书、日用间应接事物一类下达工夫；偏重于静中省悟，也强调躬行践履。这充分说明他在坚持程朱理气学说的同时，又大量吸收了陆九渊的心学学说。他的心伦理本体论和静中思虑的修养论，已十分接近陆九渊的心本体论。这体现了明初以来“心”范畴的发展趋向开始有些接近陆九渊，“兼采朱陆”特色愈发显著。吴与弼强调“静中意思”“静中思绎其理”，就包含着向内求心的意义。特别是在方法论上，吴与弼带有一些禅悟的色彩，这是理学发展中兼采朱陆的反映。因此，明清以来几乎一致肯定吴与弼开阳明心学一派先河，这从客观上表明了吴与弼对朱子学多元化转向、启阳明心学的积极贡献。

当然，应该明确，吴与弼学术主体依旧是程朱理学而非心学。后来，吴与弼的学术分化成各具特色的三派，即吴与弼传于胡居仁、罗伦、胡九韶、余祐、夏尚朴一脉，属于朱子学的维护派；吴与弼传于陈献章、湛若水一脉；吴与弼传于娄谅、王阳明一脉。后两派属于和会朱陆学派。他们中大多是江西人，或与江西有着密切联系，会聚于余干。吴与弼开明朝心学一派先河，经他的弟子陈献章、娄谅而到王阳明，完成了心学的演变。

吴与弼的门人弟子中，最被人称道的就是娄谅与胡居仁等。

娄谅（1422—1491），字克贞，别号一斋，江西上饶人，明代著名理学家。他少年时就有志于成圣的学问，曾经求教于四方，最后不屑一顾地说：“大家所说的举子学，并非是身心的学问。”他听说吴与弼在临川讲学，于是到他那里学习。其学以收放心为居敬之门，以何思何虑、勿忘勿助为居敬要旨。他在上饶授徒讲学时常常慷慨议论，善发人智，听者忘返。王阳明曾向他求教，并得到“圣人可学而致之”的启迪。黄宗羲曾说：“姚江之学（阳明心学），先生（娄谅）为发端也。”

胡居仁（1434—1484），字叔心，号敬斋，学者称“敬斋先生”，江西余干人。胡居仁以躬行践履为主，绝意仕进，困处乡间，潜心讲学，以礼吾、南谷书院讲学终其一生，两次短暂地担任庐山白鹿洞书院洞主，可以说这是他学术生涯的最高峰。其所著《居业录》、《胡文敬公集》3卷、《易象钞》18卷，均被《四库全书》收录。

胡居仁一生“奋志圣贤之学”，以继承和光大程朱理学为己任。作为程朱学说的坚定捍卫者，胡居仁以“明王道”“辟异端”为己任，站在卫道的立场上，对佛教、道教以及陆九渊心学等“异端”思想进行了尖锐的批判。在学术思想方面，胡居仁以程朱学说为依归，在传承的同时也有所创新和发展。胡居仁引申和发挥了朱子的理气论，训“理”为“太极”，将“理”视为宇宙最高本体。他继承了朱熹“理先气后”“心与理本一”的思想，同时，他又突出了心之重要性，把“主敬存心”作为工夫本原，将理本论与心本论融合起来，有了调和理学与心学的思想倾向。就此而言，胡居仁可谓兼采朱陆，且有明显的疏朱而亲陆倾向。胡居仁学术的一个重要方面就是以“主敬”为主旨，认为“主敬”开圣学门庭，是千古为学之要法，涵盖了孔孟为学工夫的全部要领。“主敬”是涵养身心的首要工夫，为存心修身之本，要求做到心有专主，要慎独、诚敬、力行，使心不放失而专一。

胡居仁的学术强调致思，其卫道之贞为其赢得了崇高的声誉。明代余干理学家张吉将其视为余干县曹建之后第一人，清代四库馆臣更称其“人品端谨，学问笃实”，并与明初大儒薛瑄相提并论，赞赏他能通过“笃志力行”而开宗立派，即所谓“余干之学”。余干之学以胡居仁为核心，以娄谅、张元祯、罗伦、胡九韶等学者为骨干。他们在江西余干县共创讲会，聚集门徒，倡讲程朱学术。作为明代一个重要的理学学派，余干学派学人在理气、心性等命题上，恪守程朱学说，不再致力于对宇宙本体的探讨，理论创新有限。其学以居敬穷理为要，以躬行实践为本，强调主敬存心，重视心的作用。他们重视“为己”之学，把程朱成圣成贤的人格修养理论转变为个人的道德实践，追求道德人格的完善。他们笃志力行，洁身自好，淡泊名利，独善其身，以高尚的人品赢得时人的尊重。作为余干之学核心的胡居仁，是明代前期恪守朱子学最醇者，以道学典范而受到尊崇。明万历十二年（1584），胡居仁从祀孔庙，与薛瑄、陈献章、王阳明一道成为明代从祀孔庙的四位大儒，追谥“文敬”。

二、心学宗师王阳明

明朝统一中国后，沿袭元朝，将程朱理学作为统一全国思想的官方哲学，程朱理学取得了唯其独尊的统治地位，其时出现了“非程朱之书不读，非程朱之学不讲”的风气。这既使其他学说被视为“异端”“邪说”而逐步消亡，也使程朱理学僵化，难以取得理论创新和突破。程朱理学开始了教条化和工具化的蜕变，流弊已十分明显。朱子学“烦琐支离”成为其最大的弊端，社会上对理学的批判、异议甚至否定纷至沓来。明中叶学术开始分化，出现了心学、程朱理学、考据学、经世实学等学术派别。尤其是正德、嘉靖年间，倡导“致良知”“知行合一”的阳明心学兴起，在社会上产生了极大的影响。程朱理学一统天下的局面被打破，陆王学说被推向极峰，风靡一时。

王阳明（1472—1529），幼名云，后更名守仁，字伯安，

王阳明像

浙江余姚人。因筑室阳明洞，于此读书讲学，自号“阳明子”，人称“阳明先生”。明弘治十二年（1499）进士，授刑部主事，后改武选主事，正德年间因功勋升南京兵部尚书，穆宗时追赠“新建侯”，谥“文成”，神宗万历年间从祀孔庙。王阳明虽为浙江人，但其一生与江西有着极为深厚的渊源。他早年受学于江西，中年任职于江西，晚年病逝于江西。他在江西缉南赣“盗”，平宸濠乱，在人生事功方面开创了辉煌的业绩；更在江西历尽百死千难，始信“致良知”三字乃真圣门正法眼藏。他在江西重民生、作诗文、论学术，完成了内圣外王、知行合一的历程。故黄宗羲谓“阳明一生精神，俱在江右”，可谓一语中的。

王阳明数次为官江西。他贬谪龙场三年期满后，正德五年（1510）到江西庐陵任知县，为官七个月；正德十一年(1516)，由于兵部尚书王琼特举，升都察院左佥都御史，巡抚南、赣、汀、漳等处；正德十四年（1519），巡抚江西。王阳明一生之中有三大事功，其中有两桩为江西事功：一为正德十二年至正德十三年（1517—1518）平南赣横水、桶冈及三浰之乱，一为正德十四年（1519）平宁王朱宸濠之叛。正德十二年，为平定南赣叛乱，王阳明到达赣州后颁行了“十家牌法”，推行《南赣乡约》。《南赣乡约》详尽规定了人们所应遵循的一些礼仪和程序，对于职务设置、约员的义务、经费来源及乡约的职能等各个方面做出了细致的规定。《南赣乡约》带有很强的民众自治的色彩。从某种意义上说，这些政治实践是为了践行其心学主张及理想。

“破山中贼易，破心中贼难”，是王阳明喊出的石破天惊之语。纵观王阳明宏阔的外王内圣生命历程，伴随其“破山中贼”的事功，他的心学理论思维也在探索中由萌芽、发展而走向成熟。王阳明在宵衣旰食的频繁军务中，在罹谗构难的险恶处境中，仍持续不断地进行着学术活动。他在饱经人生体验后创造出来的“破心中贼”的思想理论武器——“致良知”学说，便是与江西事功密切相关而影响深远的又一重大业绩。文治武功，内圣外王，王阳明称得上是真正到达儒家理想境界的第一人。

“致良知”是王阳明一生最得意的理论发明，他尝自言：“吾平生讲学，只是‘致良知’三字。”但王阳明提出“致良知”学说有一个艰难的求索过程，他在江西的经历无疑具有推波助澜的作用。正德十六年（1521），王阳明开始专主“致良知”之说。宸濠之乱后的五百多个日日夜夜，政治、精神上的种种忧虑、折磨、压抑、诽谤没有把王阳明压垮，他依靠“致良知”的实践体验，坚强地挺了下来。经过这一系列变乱，他又反过来“益信良知真足以忘患难，出生死，所谓考三王，建天地，质鬼神，俟后圣，无弗同者”。他在给邹守益的信中说：“近来信得致良知三字，真圣门正法眼藏，往年尚疑未尽，今自多事以来，只此良知，无不具足。譬之操舟得舵，平澜浅濑，无不如意。虽遇颠风逆浪，舵柄在手，可免没溺之患矣。”他还说：“某于此良知之说，从百死千难中得来。”后来王阳明将其心学凝成“四句教”，即心学四诀：无善无恶心之体，有善有恶意之动。知善知恶是良知，为善去恶是格物。

王阳明在江西虽只待了短短数年，但得于江西的既丰厚，留给江西的亦绵长。

金溪竹桥古村

在江西期间，王阳明于兵务政事之外，还为学不辍，求道不已，诲人不倦。他进行了大量文事活动，如延师设教，兴社学，建书院，推崇教化。据《王阳明年谱》记载，平定南、赣、汀、漳之乱后，正德十四年五月，阳明令赣属各县立社学，并于城中立义尔、正蒙、富安、镇宁及龙池五座书院；同年九月，修建濂溪书院。此外，他还刻书明学。正德十三年七月，刻录古本《大学》，是月又刻《朱子晚年定论》，以"致良知"之学附释二者。正德十六年正月，牌行江西抚州府金溪县，褒崇陆九渊后裔，并刻《象山文集》，作序表彰，以陆九渊为孔孟之正传。他还于兵务侵魂之际，乘隙教授；于政事缠身之时，接访来学。

王阳明的文章事功、人格魅力及著书讲学，使其学说在江西迅速流传。他拥有众多服膺其学的弟子，培植起声势颇大的江右王学集团。他的弟子遍布江西各地，其著名者如邹守益（号东廓）、欧阳德（号南野）、聂豹（号双江）、罗洪先（号念庵）、刘文敏（号两峰）、黄弘纲（号洛村）、何廷仁（号善山）、陈九川（号明水）、万廷言（号思默）等，其再传弟子如王时槐（号塘南）、胡直（号庐山）、邹元标（号南皋）等，皆为江西理学名家。黄宗羲说："姚江之学，惟江右为得其传。"从受学江西、任职江西到揭良知之教于江西、学说流传于江西，正是阳明一生精神俱在江西的基本历程。

明代中期以后，阳明心学崛起，并迅速流行，成为显学，出现了大江南北翕然从之的态势。在阳明倡导下，明中期心学占据主要阵地，大大消减了程朱理学的传播区域与影响力。面对阳明心学的兴起，恪守程朱理学的学者们不能不予以阻击，与阳明心学抗衡论辩，据守江西程朱理学的阵地。其中，罗钦顺成为明代中期程朱理学在江西的主要传承者，被誉为“江右硕儒”。

罗钦顺（1465—1547），字允升，号整庵，江西泰和人。明弘治五年（1492）入科场，举乡试第一，弘治六年（1493）中进士，为一甲第三名，授翰林院编修。罗钦顺一生为学，学术著作主要有《困知记》《整庵存稿》。在中国古代思想史上，罗钦顺称得上是一位有着重要理论建树和影响的思想家，为中国古代哲学的发展做出了杰出贡献。

罗钦顺的学说大体上承袭程朱，对于理气、心性、格物穷理、理一分殊、道心人心等命题都有充分的论述和独特的见解。他还是明代第一个继承张载气学思想，第一个以气学唯物论批判程朱理学、陆王心学及他们的禅学思想渊源的气一元论者。他从小立志“为圣人之徒”，并以遵道明统为自己的治学宗旨，一生以求道、卫道为己任，以儒家道统卫士自居。他笃守程朱，对周程张朱之说崇信不疑，被视为“宋学中坚”“朱学后劲”。罗钦顺矢志固守理学正统，传承孔孟之道，使江西成为明中期理学的一个重要阵地，其影响不容忽视。

首先，罗钦顺力攻王阳明良知之说。阳明之学在学界

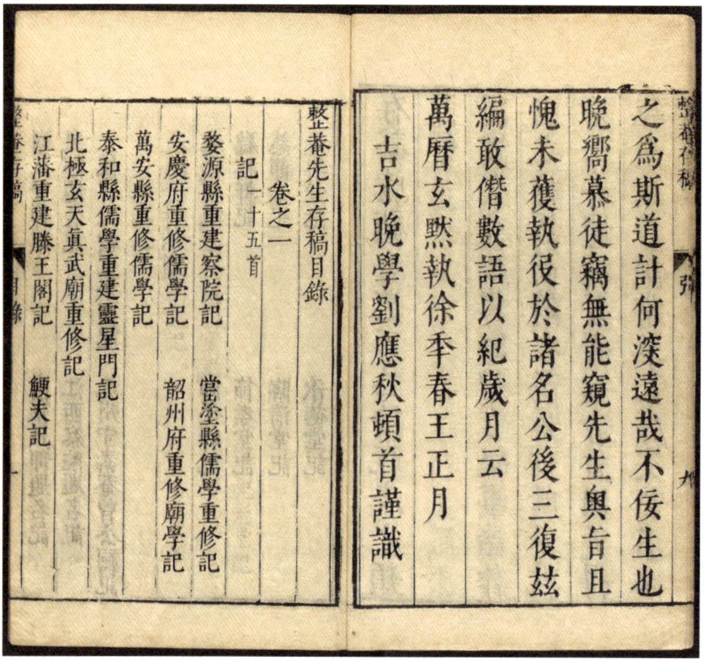
之爲斯道計何渼遠哉不佞生也
晚嚮慕徒竊無能窺先生奥旨且
愧未獲執役於諸名公後三復玆
編敢僭數語以紀歲月云
萬曆玄黓執徐季春王正月
吉水晚學劉應秋頓首謹識

整菴先生存稿目錄
卷之一
記 一十五首
婺源縣重建察院記　當塗縣儒學重修記
安慶府重修儒學記　韶州府重修廟學記
萬安縣重修儒學記
泰和縣儒學重建靈星門記
北極玄天真武廟重修記
江藩重建滕王閣記　鯁夫記

《整庵存稿》

蔚然成风，罗钦顺以朱熹的理一分殊、心性论为理论武器奋起批驳心学之弊，既传承发扬朱子之学，启发后学，又有力阻击了阳明心学发展势头，捍卫了朱子学官学正统地位。罗钦顺批驳心学最主要的武器是认为其援佛入儒，思想理路与禅学“圆觉”无异，以致“儒不儒，佛不佛”。不过，罗钦顺虽然认为心学似禅，但他对阳明心学的学术定位还是理性的，依然将阳明心学视为儒家一派，认为它有学术之误，错位援引孟子之学而指良知为天理。

其次，罗钦顺对朱子学坚持笃信固守、岂容立异的态度，同时又勇于“审求其是，补其微罅，救其小偏”。罗钦顺充分肯定朱子“理一”之说，与此同时，对朱子学笃信固守并不是不能对其修正。罗钦顺对朱子学就提出，应当“审求其是”而有所“补”“救”，以求朱子学“完全纯粹”。这在其理气论对朱子学的改造上就有很好的反映。朱熹是理气二元论者。而罗钦顺视理气为一物，坚持“理只是气之理”，提出了理气一元论。在这方面，罗钦顺传承薛瑄理气合二为一的思想，批评朱熹理气为二观，为明中后期朱子学在理气问题上的转向提供了有力理论论证。罗钦顺在自然观上主张理气一元论，而在人之心性观上依然维护朱子心性二元论，赞同“性本心末”“性体心用”“性主宰心”。罗钦顺对理气观的批评与修正，是在当时心学已经成为显学，对程朱理学造成极大威胁的情形下，需要“辟王”以捍卫程朱理学伦理价值所做的努力。“守朱辟王”的前提就是要扎牢朱子学理论体系的篱笆，不能让王学有攻击之处。因此，这种批判与修正是针对朱子学内部的变革，是对程朱哲学“接着讲”。罗钦顺只是对朱子学进行补救，不是对朱子学“逐步清算”“反戈一击”，更不是黄宗羲在《移史馆论不宜立理学传书》中所指出的“整庵之论理气，专攻朱子”。

最后，尤其可贵的是罗钦顺提出了“取证于经书”观，使朱子学的方法论发生重大转向。面对阳明之学以《朱子晚年定论》直接对抗朱子之学，尤其是王学末流空谈“尊德性”，以“现成良知”为旗帜，罗钦顺重拾并改造程朱“涵养须用敬，进学在致知”的理论，提出“取证于经书”观。这在朱子学发展史上有着重要意义，发扬了朱子学“道问学”思想，将其具体化，明确了朱子学具备扎实的经学根基的本相，由此开启了明代朱子学由义理争辩转向校勘考证之途。明清时期，顾宪成“经，常道也”、顾炎武“经学即理学”、方以智“藏理学于经学”等命题都受到了罗钦顺的影响。

三、江右王学邹守益

王阳明一生力倡致良知以发扬心学，门人遍及天下。据学者统计，阳明之弟子，其姓氏可考者有300多人，实际人数大大超过这一数字。只是在他去世以后，由于阳明心学本身所具有的随时、随境而变的特殊性，以及阳明对其著述解说不够明晰，门人后学们有极大的独立思考空间和各创新意的发挥余地，加之他们各执己见、各立新说，因此随着讲学范围的扩大，就产生了阳明后学分门别派的现象。黄宗羲曾按照地域分布原则，将阳明后学划分为浙中王门、江右王门、南中王门、北方王门、粤闽王门、楚中王门、止修学派、泰州学派等。他们各领风骚，竞相绽放，其中江右王门尤为昌盛。

所谓“江右王学”，主要是指王阳明在江西做官时培植起来的一批门人弟子及其后学。在阳明后学众多门派中，

石莲书院（罗洪先讲学处）

江右王学人数最多。他们在学术思想上以笃守王学传统著称，“推原阳明未尽之旨”而又有所发挥，并能破除各种流弊，而使“阳明之道赖以不坠”。

从整体来看，江右王学确能得到阳明心学之真传，但是江右王学内部实际上又有不同派别。比如侯外庐在《宋明理学史》中将邹守益、欧阳德列为江右王门正传，聂豹、罗洪先偏离王学，刘邦采、王时槐、胡直等另辟新路阐释王学。值得注意的是，虽然有不同划分标准，但学者一般公认邹守益是江右王学的核心代表，将其视为笃守师说的王门正传。王门高弟王畿将其视为江右王学的领袖。

邹守益（1491—1562），字谦之，号东廓，江西安福人。正德二年（1507）中举人，时年只有 17 岁，正德六年（1511）举会试第一、廷试第三，授翰林院编修。嘉靖十七年（1538）任南京吏部郎中，后迁至南京国子监祭酒。嘉靖二十年（1541）解官而归。邹守益为官时间并不长，大部分时间乡居故里，致力于讲学，从学者众。逝世后受赠礼部右侍郎，谥“文庄”，其所著《东廓邹先生文集》12 卷存世。

邹守益的学识和德行，深受其师王阳明称许，王阳明甚至将他比作颜回。邹守益对师说也最为忠诚，在王阳明“致良知”说受到责难与曲解时，邹守益奋起卫护，并以发明“致良知”宗旨为职志。他一生唯师旨是尊，唯师说是法。黄宗羲以他为王阳明的嫡传弟子，谓“阳明之没，不失其传者，不得不以先生为宗子也”。实际上，邹守益在建设学术梯队、建造书院、刊刻语录、传播心学等方面，都对阳明心学做出了杰出贡献。邹守益对推动阳明心学发展做出的贡献，主要体现在“戒惧”说和“主敬”说等方面。

“戒惧”说是邹守益理学思想的特色，其意在解释阳明的“致良知”说。邹守益以“戒慎恐惧”为“致良知”的工夫。他继承师说，坚持“良知本体”是“精明纯粹”的，只有坚持不懈地“戒慎恐惧”，才能保证“良知本体”“常精常明”，不受到私欲之蒙蔽。邹守益还将“戒惧”与《大学》中的“明明德”联系起来，认为良知是明德，戒惧是

石莲洞（邹守益交流学问处）

明明德工夫。可以说，邹守益的良知观与阳明的致良知观基本一致。一方面，他们都认为良知是对本体善性的自觉，即阳明之“所性之觉”；另一方面，他们都将“戒惧”作为保证和恢复“良知本体”“常精常明”，避免私欲之蒙蔽的工夫。他还为“戒惧”说赋予“自强不息”的进取意义，不同于众多学者对“戒惧”一语的消极解释。

在“主敬”说方面，邹守益提出“得力于敬”。邹守益的“敬”不同于“静”。“静”是指“人生而静真体，常主宰纲维万化者”，而“敬”是指“戒慎恐惧”，“以敬事为纲领”，即本于“敬”。为此，他意图通过“主敬”至“克己”来达到“良知本体”

的“主宰”作用。

面对以聂豹、罗洪先为代表的“归寂”“主静”说，割裂未发与已发，过于强调偏向“内”的“守寂”工夫，以及以王艮、颜钧、罗汝芳、何心隐为代表的泰州学派，强调“百姓日用即道”，“百姓日用”等于现成良知，过于偏向“外”的问题，邹守益提出要“识敬”，认为唯有主敬才能避免偏内偏外之患。

邹守益还认为“戒慎恐惧”的“致良知”工夫直接等同于“修己以敬”的涵养工夫,其不仅能“修己”,也能“开物”。值得一提的是，邹守益的“主敬”说，特别是以“修己以敬”解释其学派“致良知”工夫时，观点与程朱一派的涵养工夫具有相通点，就是说它们的本质是一样的，都是为了“存天理，灭人欲”。而阳明从来以“敬”作为涵养工夫，两者似有区别。

邹守益虽不把“敬”等同于“静”，但他不反对“静”，只是借用周敦颐的“主静”说来为其观点添色，是对师说的阐发。从这两处我们可以断定，邹守益最终目的在于用阳明的“致良知”说来阐释程朱的涵养工夫论，意在保持良知“常精常明”，不受到私欲的蒙蔽。这是对师说的认同和阐发，而非背离。

可见，邹守益在学术思想交流过程中，大体上是以阳明师说为宗旨，继承和发扬师说，纠正同门之流弊，以捍卫师说为己任。因此，他对王学思想传播的作用和影响是值得肯定的。

以邹守益为代表的江右王学，本身就是一个大的地域理学概念，其发展主要集中在两个地区，一是以吉安为中心，二是江西南昌一带。王学在江右的流行，又以吉安为中心展开，吉安王学几乎可以代表整个江右王学。因此，人们对江右王学的关注点也就主要集中在以上地区。然而，在以上两个地区以外，我们发现赣东北的怀玉山区由于处在江右王学与浙中王学之间，从而成为王学在此交流的重要场所。嘉靖三十八年至嘉靖三十九年（1559—1560），玉山怀玉书院召开了两次江浙心学大会，促进了此区域阳明心学的发展。

怀玉书院，位于玉山县怀玉山金刚峰东麓，与玉琊峰相对，为江西上饶古书院之一。宋绍熙五年（1194），朱熹在书院讲学，著有《玉山讲义》。陆九渊、吕祖谦、汪应辰、程珙等均曾在此讲学，王安石、杨亿等也为书院留下过诗篇。因此，怀玉书院与当时的四大书院齐名。明嘉靖年间，江西提学副使王宗沐定名“怀玉书院”，并礼聘阳明弟子钱德洪为掌教。钱德洪于此编订《阳明先生年谱》、重刻《朱子晚年定论》，德兴多有士子从其游。

由于“浙为首善之地，江右为过化之区”，浙江、江西两地阳明弟子集聚讲学频繁且规模较大。由于其独特的地理位置，怀玉书院更是成为两地学者集合为会的理想场所。嘉靖三十八年（1559）四月，钱德洪、吕怀在书院主

怀玉书院

持了首次心学大会，100 多位学界名人齐聚怀玉书院，倡论心学。嘉靖三十九年（1560），怀玉书院再次举办江浙心学大会，邹守益主盟，刘邦采、陈明水、夏浚等学人与会。江浙心学大会是以王阳明、湛若水的弟子为主体的学术会议，光大了阳明学派，带动了书院周边尤其是德兴地区的讲学之风。同时，吕怀为湛若水弟子，邹守益、钱德洪等人是阳明弟子，夏浚既师从湛若水，又曾问学于阳明，这说明心学大会确实有博综湛、王两派的气魄。在此期间，邹守益数上怀玉山，参与讲学论辩。他主盟心学大会时，有《广信讲语》传世。耿定向所作《东廓邹先生传》说他“年七十，赴怀玉会。发《孟子》鸡鸣章”。此外，王畿也曾参加江浙心学大会，在《怀玉书院会语》中大谈公私之辨，以为讲学不明，只是因为私欲未能扫除，若能与天下同善，即是性学。但由于怀玉书院深处偏僻群山之中，地势极为险峻，攀登不易，心学大会未能延续。

元明以来，江西理学、心学并行发展。明代吴与弼为抚州人，一人开南方理学二门，其弟子胡居仁与后来的罗钦顺为明代中期朱子学的主要代表。而明中期以来，江西朱子学发展相对缓慢，江右王学成为王门后学的大宗，江西是王学后来发展的中心之一。

第六章

清代江西理学

QINGDAI
JIANGXI LIXUE

明末清初，思想界形成了由朱子学学术反思与批评、“朱王之争”转到“由王返朱”“汉宋之争”的学术思潮。从学术发展状况看，明末学脉主要有朱子学、阳明学与蕺山、甘泉（湛若水）学。由于朱子学固有的官学地位，客观上，即便阳明之时，阳明学派对于朱子学亦不敢太过造次。阳明后学更是各立门户，竞相标榜，引发思想界对阳明后学尤其是罗汝芳、李贽泰州学派的尖锐批评，最终依附于朱子学。而蕺山、甘泉学则游于程朱、陆王之间。朱子学依旧是学术主流，成为学术发展“极有力的枢纽”，而阳明学、甘泉后学都有附和、合流晚明朱子学的印迹。在此背景下，江右王学内部形成了聂豹“归寂说”、刘文敏“以虚为宗”、刘邦采“悟性修命”、王时槐“以透性为宗、研几为要”等不同的学术分支。甘泉学重视朱子学工夫论，将“下学工夫”视为与王门的根本性差异，同时又主张以心性为本体，故而形成了一种有别于朱王而又具有强烈朱子学色彩的心学体系。在甘泉学学脉谱系中，江西籍学者非常突出。婺源洪垣等朱王调和派与上饶杨时乔等反王尊朱派并存，朱子学占据重要地位，他们都具有逐渐向朱子学合流的趋势。

经历明末清初对于阳明及其后学的批判，朱子学加强内部深刻反思与转化，加之朝廷对朱子学的推崇，清朝初期坚守王学一脉的学者为数不多，绝大部分学者有的“由王返朱”，有的则主张朱王调和。明清之际，江西理学有所发展，然而总体上不如明中期以前，逐渐式微。但这一时期仍出现了一批朱子学者，如魏禧诸子、王源、刘继庄、谢秋水、朱轼、李绂、裘曰修等。他们主要分为三大学派，即南赣“易堂九子”学术群体、南丰程山学派、星子髻山学派。

清代中晚期，理学学派中的确没有出现钱穆先生所说的宋之程、朱、陆，明之姚江等先贤大儒，但是有诸多能够与清初朱子学代表熊赐履、张履祥、陆陇其以及考据学代表惠栋、戴震等比肩的大理学家。在江西，就有汪绂、江永、李绂等理学名家。

晚清之时，随着朱子学的广泛传播，最终实现理学“同治中兴”。在嘉道咸同时期，理学士人的空间分布相较于清前期更加广泛，全国大多数省份都有一定数量的朱子学者。从学者籍贯、旅居以及影响力情况来看，与湖南、安徽、浙江、河南、陕西、江苏等位居第一层次的区域相比，江西已经退居第二层次。

一、清前期朱子学复兴

晚明学界，王阳明以“致良知”之说风行天下，为学者所推崇。高攀龙曾说：“姚江之学兴，而濂、洛之脉绝。”王学兴盛，而程朱理学几近终绝，此说虽然有些夸张，但也反映了当时思想界的一般认识。随着明朝灭亡，明末清初学者深刻反省明朝灭亡的原因，认为王学是导致“神州荡覆，宗社丘墟”的“罪魁祸首”，从而展开了对王学的批判与清算。他们对王学空谈心性道德、束书游谈、不务实际、崇尚玄虚、几近狂禅的恶劣作风发起了猛烈的批判。在对王学的批判中，顾炎武、王夫之冲锋在前，张履祥、吕留良紧随其后，经陆陇其而渐入其堂，至熊赐履、李光地以朱子学官至卿相而推波助澜。

他们在批判王学的同时，走向了“辟王尊朱”的道路。

他们认为“救正之道，必从朱子”，视朱子学为“正学”，主张“学反其本”，由王学向朱子学回归。

有了他们的大力推动，清初统治者崇奖朱子学，使朱子学在清初最终压倒王学而占据主导地位。康熙实行“崇儒重道”的基本国策，力倡儒学，特尊朱子。他认为“家齐于上而教成于下”的朱子学最为“醇正”，孔孟之后，有裨斯文者，朱子之功，最为弘巨。康熙高度评价朱熹：“集大成而绪千百年绝传之学，开愚蒙而立亿万世一定之规。”康熙五十一年（1712），以“朱子有功圣道，特进木主于十哲之下”，将朱子升于大成殿孔门十哲之列，配享孔庙，并命熊赐履、李光地等摘录朱子语录及著作，编成《朱子全书》及《性理精义》，颁行全国，用朱子学说统一天下言论和思想。乾隆也主张“治统原于道统”，将国家的兴衰治乱与程朱理学联系在一起。此时，程朱理学重新登上了宗主宝座，并在整个清代始终居于官方哲学的正统地位。

这一时期，理学名家迭出，涌现了陆陇其、汤斌、陆世仪、张履祥、张伯行、熊赐履、李光地、朱轼、蔡世远、陈宏谋等理学大家，形成了清代理学发展的第一个高峰。

与此同时，江西曾盛极一时的书院，在这一时期大都得以保留。诸生在书院肄习经史义理，书院成为清代宣讲、传播程朱理学的主要阵地。康熙、乾隆等清廷最高统治者通过题额、赐匾对书院进行嘉奖表彰，江西巡抚及各级官员也致力于书院的修缮、扩建，并在书院讲学，还通过为书院制定学规、教条，聘请知名学者主持书院讲席，使书院成为清代传承程朱学说的重要场所。

康熙二十六年（1687），康熙皇帝为白鹿洞书院亲自题写了“学达性天”匾额，又赐《古文渊鉴》《朱子大全》《十三经注疏》等书籍给书院，以表彰其传播程朱理学的贡献。乾隆九年（1744），乾隆皇帝又亲赐白鹿洞书院“洙泗心传”御匾，使白鹿洞书院地位日隆。

铅山鹅湖书院因朱熹、陆九渊鹅湖之会和陈亮、辛弃疾鹅湖之晤的巨大影响，成为东南地区重要的学术文教圣地，与白鹿洞书院、白鹭洲书院、豫章书院并驾齐驱，成为江西四大书院之一。康熙五十六年（1717），康熙皇帝亲自为鹅湖书院题写了“穷理居敬”匾额和“章岩月朗中天镜，石井波分太极泉”的楹联，并赏赐典籍，鹅湖书院因此兴建御书楼，以珍藏御赐之书。

除了最高统治者的扶持之外，一些地方大员为书院制定学规，加强了书院的管理。康熙二十一年（1682），江西提学道高璜为白鹿洞书院制定了《白鹿洞书院经久规模议》，包括洞规、禁约、书籍、经费等众多条规，使书院管理制度更加完善细致，且聘请南丰名士汤来贺主持书院事务，一时学者云集。康熙三十四年（1695），江西提学道王综为白鹿洞书院订立了《白鹿洞书院戒勉》，

白鹿洞书院内景

包括“八戒”“八勉”。

铅山知县郑之侨在乾隆五年至七年（1740—1742）制定了《鹅湖学规说》《辛酉戒诸生八则》和《壬戌示诸生十要》三个学规，构成了系统的鹅湖学规体系，使鹅湖书院在清代更好地承担了培育人才、发明圣道、接续道统的重要使命。

通过赐额赐书、修缮扩建、续订学规、讲学修志等举措，白鹿洞书院、鹅湖书院等成为清代江西程朱理学传播的重要阵地。

二、三山学派程山会讲

明清鼎革之际，江西不少志士仁人保持气节，拒绝同清王朝合作。他们避居山林，耕读授徒，研究学问，砥砺风节，形成了独特的江右遗民群体。南丰谢文洊及“程山六君子”、星子宋之盛等“髻山七隐”以及以宁都魏禧为代表的“易堂九子”是江右遗民群体的著名代表，被称为江右“三山学派”。

清代南赣理学先后受到濂溪学、阳明学影响。明中后期以来，何廷仁、黄弘纲、袁庆麟、管登师从王阳明，养愚先生李涞等以朱子为宗，随之形成了以“宁都三魏”魏禧、魏际瑞、魏礼为代表的“易堂九子”群体，江西理学与心学南北交融。“易堂九子”不仅文学负有盛名，而且长于经术文章，精于《周易》，还重于实用经世之务。在理学方面，他们融合程朱、陆王之学。其中，魏禧是清初著名散文家，与侯方域、汪琬合称“清初散文三大家”，主张经世致用，积理练识，魏禧“论事纵横排挤，策划卓有经纬”，人称其“有古宰相才度”。

江西中部则有以谢文洊为领袖的“南丰程山学派”，门人有南丰人甘京、封濬、黄熙、危龙光、曾曰都、汤其仁，六人称“程山六君子”。谢文洊学术历经三变，由好禅变心学，由心学变理学，为江西由王转朱的代表。其学以切己为要，以主敬为本，以济世为用，批驳阳明，力倡程朱，躬行实践。

北部星子髻山学派以宋之盛为代表，星子是宋时南康军治所。宋之盛精于《春秋》，特别推崇程颐主敬说，“以明道为宗，以识仁为要”，强调“究之人心，是有本有体，然后用有所根”，潜心于个人道德修养，躬行实践，对于程朱理学的阐释与宣扬做出贡献。

三山学派中，程山学派主要活动于抚州南丰县，宋之盛等“髻山七隐”隐于南康星子县，“易堂九子”则以宁都翠微峰为阵地。三山学派的志节和人格都很高洁，学术大略相近，各以“经济”“理学”“节概”有声于天下。他们经常以文会友，相互砥砺，反思明亡教训，反省心学之失，主张以学术经世正人心，试图中兴程朱理学，以挽救世道人心。

谢文洊是程山学派的代表人物，也是“程山六君子”的老师。谢文洊（1615—1681），字秋水，号约斋，人称“明学先生”。早先，谢文洊精研佛学理论，潜心阳明心学。后来，

宁都翠微峰

他在黎川神童峰聚徒讲学，传播心学。当时王圣瑞也是其听众之一，但王圣瑞信服程朱理学，力攻阳明心学，谢文洊与王圣瑞辩论数日，最终被王圣瑞说服，由阳明转向程朱，最终成为程朱学说的坚定信奉者。谢文洊在南丰县城西郊的程山建立程山学舍，讲堂名为“尊洛堂”，表明他对程朱理学的服膺。谢文洊开清初部分江西学者由专讲阳明心学转向崇尚程朱理学之先河，被列为清初江西理学第一人。《清儒学案》专设《程山学案》，且对其推崇有加。

谢文洊在学术上主张以诚为本，以切己为要，尤其崇奉程朱的主敬说，将程氏主敬之功视为步入圣学之域的门径。他强调“辨喻以定志，实践以立基，奋厉以去习，坚苦以砺操，绎理以养心”，认为学者“人贵立志”，但立志之后，要从日用处下手，“务以躬行实践为主”。谢文洊著述宏富，其《大学中庸切己录》《谢程山集》为《四库全书》存目著录。

谢文洊的弟子众多，著名弟子有“程山六君子”。甘京、封濬、曾曰都、危龙光、汤其仁、黄熙等都是抚州南丰人，服膺谢文洊的学术人品，皆折节称弟子，共同讲学于南丰程山。他们潜心于个人的道德修养，且躬行实践，在日常生活中以理学家的言行规范严格要求自己，表现出大儒的气象。他们每个人都在晚上记下自己白天的所作所为，进行反思内省，检讨有无过失，每逢初一、十五，再将自己的笔记公开，让大家传阅，互相检查，互相督促，以此约束规范大家的行为，提高道德修养。这种互相督促的修养方式，在程山会讲中得到“易堂九子”和“髻山七隐”的称赞，他们推崇程山学派“笃躬行，识道体”的行为。《清儒学案》曾评价“程山六君子”孝友于家，廉于财，不苟且于言行，学古贤者之学，是笃行有道之君子。

“程山六君子”中，以甘京最为著名。甘京，字健斋，他好学，能诗文，虽然仅比谢文洊小几岁，但服膺其学术人品，于是拜他为师。甘京“负气慷慨，期有济于世，慕陈同甫之为人，讲求有用之学”。闽中令闻其高名，欲以重金聘其入幕，但被甘京拒绝。他通晓经术，著述颇丰，有《通鉴类事钞》120卷、《轴园稿》10卷行世。

“髻山七隐”的代表人物是宋之盛。宋之盛（1612—1668），字未有，九江星子县人。他世居庐山脚下白石咀（今庐山市华林乡境内），因山中多白色的石头，皎洁如玉，于是自号“白石野人”，世称白石先生。崇祯十二年（1639），宋之盛得中举人，但两次进京，都未能中进士，于是在家乡以开馆授徒为业。宋之盛在明亡之后，结庐髻山，甘愿做明朝遗民，誓不仕新朝，不拜谒清廷官吏，每逢国丧之日，身着明朝衣冠，闭门谢客，虽生活清苦，但安贫乐道，砥砺操行。顺治七年（1650），江西巡抚蔡士英欲礼聘其为白鹿洞山长，但被他谢绝。星子查辙、吴一圣、余啅、查世球、夏伟及门人周祥发追随宋之盛隐居讲学，时称“髻山七隐”。他们在明亡之后，以气节相标榜，不仕清廷，聚集于髻山，以读书讲学为业，以德义为乡里表率。

宋之盛精研《春秋》，对其微言大义了然于心，又潜心理学，学宗程颢，以识仁为学术要旨，以涵养本源为工夫要领。他晚年攻读胡居仁的《居业录》后，“持敬之功益密”。他曾著《仁论》一书，以周敦颐、程颢为宗主，阐发朱熹极高明道中庸之旨，而对阳明学说多有微词。他在《刻传习录序》中批驳王阳明“心即理也”，认为以良知为天理之说存在重大错谬。他屡屡斥责王门后学为狂禅，力辟禅佛之非，认为禅学盛行会亡种亡国，反对“援禅入儒”，视之为“疏粝掺入芝术”。他批驳佛教以知觉言心，就好比引镜照镜，只是以空印空而已。宋之盛文名为当世所重，“其文笔清挺，无宋末语录之弊”。他著述繁富，有《求仁篇》《乙巳岁余录》等，但大都失传，只有胡思敬编辑的《豫章丛书》收录其《髻山文钞》2卷。他于康熙七年（1668）去世后，入祀星子乡贤祠，又从祀白鹿洞书院。谢文洊对宋之盛评价很高，认为江西理学继胡居仁之后，由宋之盛“继续其光明”。

与谢文洊、宋之盛同时，宁都易堂诸子多有盛名。“易堂九子”是以宁都魏禧为学术领袖，包括其兄弟魏际瑞、魏礼，南昌彭士望、林时益，宁都李腾蛟、邱维屏、彭任、曾灿等九人组成的学术群体。他们在宁都翠微峰上建“易堂”，效法伯夷、叔齐义不食周粟的高风亮节，不仕清廷，躬耕自食，潜心读书讲学。由于南丰地处赣东交通要道，易堂诸子每次路过，必往程山学舍进行问学交流。谢文洊称赞易堂九子“节行文章为海内所重”。易堂九子之学以砥砺风节、讲求经世为核心。“易堂独以古人实学为归”，梁启超认为他们的学风“以砥砺廉节、讲求世务为主，人格都很高洁”。方以智更赞叹道：“易堂真气，天下罕二矣！”

易堂九子中，又以“宁都三魏”特别是魏禧最为著名，有“三魏之名遍海内”之说。魏禧是“清初散文三大家”之一，文章有凌厉雄杰、刚劲慷慨之气。魏禧束身砥行，尤重气节，才学尤高，“明亡，号哭不食，剪发为头陀，隐居翠微峰”。

魏禧在学术上倡导经世致用之实学，对晚明学者虚谈心性、空疏不实的学风进行批判，提出了“积理练识”“明理适用”的学术主张。他出游江南，以文会友，结交贤豪，传播其明道理、识时务、重廉耻、畏名义的学说。他“喜读史，尤好《左氏传》及苏洵文”，且特别重视史学的经世功用。

当时，南丰谢文洊在程山讲学，星子宋之盛在髻山讲学，弟子都有数十百人，与易堂九子相呼应，形成江右“三山学派”。三山之学各具特色，《清史稿》评论道：“时宁都‘易堂九子’，节行文章为海内所重；‘髻山七子’，亦以节概名；而文洊独反己暗修，务求自得。”谢文洊、魏禧、宋之盛被推为清初江西“三山学派”之祖。他们经常相互辩难，商榷学问。尤其是康熙四年（1665）四月，髻山宋之盛邀请易堂魏禧、彭任等一同前往南丰程山学舍，与谢文洊进行了著名的程山会讲。

魏禧建议程山会讲应确立讲学、论古、议今三大主题。讲学则是非之理明，论古则得失之故辨，议今则当事不眩，规过则后事可惩。他认为只有增加论古、议今这两个主题，才能取得体用互通的实效。

谢文洊与魏禧围绕体用关系问题进行了激烈争辩，宋之盛则试图调和魏、谢之争。他认为两家之学的根本差异在于程山主体，而易堂主用，魏禧欲以经世而正人心，谢文洊则欲以正人心而经世，二者均不可偏废。但是，宋之

彭士望
【一六一〇—一六八三】
林时益
【一六一八—一六七八】
彭任
【一六二四—一七〇八】
魏礼
【一六二九—一六九五】
邱维屏

易堂九子雕像

盛更倾向于谢文洊的主张。宋之盛则与谢文洊等就程子识仁、儒禅差别和程朱学脉等问题进行了深入讨论。与会学者评阅著述，质疑问难，部分问题达成一致，虽未能彻底解决各派学术的分歧，但没有党同伐异。通过程山会讲，大家广论学术，扩大了程朱理学的影响，“四方远近之游而过之者，殆无不知有程山谢子之学”。魏禧把程山会讲比作昔日的鹅湖、白鹿洞之会。

看

听

三、清中后期理学名家

虽然清代理学的影响力不如宋、元、明时期，但也出现了一批理学家，包括朱轼、汪绂、江永、李绂以及都昌邵良杰、南丰汤来贺、星子宋士宗、瑞昌李尚珍等。他们致力讲学、潜心著述，对程朱理学在江西的传承发挥了积极作用。

在清代江西理学家群体中，影响最大的当属朱轼。朱轼是集理学家、史学家和重臣于一体的学者型官员，为程朱理学正统地位的取得和理学在江西的普及、传承做出了积极贡献，被誉为“理学名臣”。

朱轼（1665—1736），字若瞻，号可亭，江西高安人。康熙四十八年（1709），朱轼任陕西学政，极力宣扬张载学术，以此改变学子气质，转变士风学风。康熙五十六年（1717），朱轼任浙江巡抚，在浙江清吏治、正风俗、修海塘，政绩卓著，朝廷上下盛赞朱轼“以身作则，境内之治，号通国第一”。雍正即位后，朱轼成为弘历老师，向年轻的弘历灌输儒家治国之道和程朱理学思想。乾隆元年（1736），朱轼充任《世宗实录》总裁，第三次任会试正考官。当年九月，朱轼病逝，乾隆亲往祭奠，赐谥“文端”。

朱轼在学术上推崇程朱，学宗张载，任陕西学政后，“修横渠张子之教，以知礼成性、变化气质训士”。他率士子拜谒横渠先生祠，重新刊印了张载的《张氏全书》，使“关中正学大明”。朱轼为学主敬，倡致知力行，强调理学经世致用，学术为现实政治服务，认为六经就是圣人经世之书。朱轼还重视史学的经世作用。他和蔡世远主编了《史传三编》，将《历代名儒传》《历代名臣传》《历代循吏传》合为一体。在《史传三编》中，他以程朱理学为指导，用程朱理学的标准来取舍历史人物，歌颂忠孝节义，提倡学术经世致用，有裨于世教。朱轼著述颇丰，他是《圣祖实录》《世宗实录》总裁之一，著有《朱文端公文集》《春秋钞》《孝经注》《周礼注解》《周易注解》《仪礼节略》等。

明清之际，宋明理学受到冲击，学者们开始反省理学的空疏学风，抛弃明心见性的空谈，提倡经世致用之实学。在治学方法上注重实证考据，清代文字狱的盛行加剧了这一学风的转变，使考据学逐渐取代义理之学而风行一时。其中，江永被称为清中期学风转变第一人。他以矫正宋明理学空疏之弊为己任，以经学济理学之穷，成为转变风气的关键人物。

江永（1681—1762），字慎修，号慎斋，婺源江湾人。他以“驰逐名场非素心”的心态，一生鄙薄功名，蛰居乡里，潜心著述，授徒讲学，堪称“为学问而学问”的纯正学者。江永博古通今，对经学特别是礼学研究精深，有独到的见解，是乾隆时期著名的学者。戴震在《江慎修先生事略状》中评价江永为郑玄之后第一人。

江永作为朱熹的同乡后学，生于文公阙里，受浓郁的尊朱氛围的熏染，是程朱理学的忠实追随者，致力于朱子学的研究与弘扬。江永花费了大量的时间和精力，对《近思录》进行集注。他集注诸子言行语录，考证其事实原委，订正后人附会之意，探讨宋代理学之渊源，使之成为最全面深刻的《近思录》集注本。此外，江永广泛地收集散见于经、传等书之中关涉古代礼乐制度的文献，加以编排和注释，择善而从，撰著《礼书纲目》，以补朱熹《仪礼经传通解》搜罗不备、疏密不伦之遗憾，最终完成朱熹未完成的事业。这部《礼书纲目》“承朱子之学，而不苟同于朱子”，有着重要的学术价值。后来清廷开馆定《三礼义疏》时，曾专门派人录送该书以资参考，《四库全书总目》也对该书给予高度评价。

江永早年颇有经世之志，受汉学的影响，注重实用而反对空谈，在宋学的范围内兼采汉学，把理学和考据学结合起来。他认为宋明理学对于经典的诠释背离了孔孟经典的本义，因此要以经学济理学之穷。江永在治学方法上，主张回归原典，通过对儒家孔孟经典的挖掘和诠释，探寻、还原圣贤经典的本义，重新阐释圣贤之道。他通过考订整理程朱著作，阐发程朱学术的主旨。他主张“以六经、孔、孟之旨还之六经、孔、孟，以程、朱之旨还诸程、朱，以陆、王、佛氏之旨还诸陆、王、佛氏”。他将“六经注我”、空谈心性的空疏之风，转变为“我注六经”的实学之路，抛弃主观的“尊德性”之臆想，而倾向于客观的“道问学”的考证。江永精于考证训诂，在礼、易、文字、音韵等方面都取得重要的成就，成为皖派经学的开宗人物。江永及其追随者们，以实事求是为原则，由文字训诂和典章制度之学入手，形成一股古朴而清新的求实学风。江永讲学四方，门生弟子众多，培养了以戴震、程瑶田、金榜等为代表的“江门七子”，奠定了皖派经学的基础。

江永纪念馆

江永学问精深，著述宏富，有20多部著作传世，其中《周礼疑义举要》《仪礼释宫增注》《考订朱子世家》《近思录集注》等16部著作被《四库全书》收录，有4部著作被《四库全书珍本》收录，有8部著作被《清经解》《续清经解》收录。张之洞撰写的《书目答问》中，江永的16部著作又被作为治学必读之书收录其中，足见其学术贡献巨大。

同一时期，汪绂与江永并称清代“婺源二儒”。汪绂（1692—1759），字灿人，号双池，婺源段莘人。汪绂一生清苦，却问学不倦，孜孜于理学探讨，且在当时汉学盛行的大环境下，致力于维护程朱理学正统，实属难得。

汪绂一生博综古今诸儒之说，“而一以宋五子之学为归”。他每有所得，必加以撰述，因此著述宏富，著有《易经诠义》《尚书诠义》《诗经诠义》《四书诠义》《诗韵析》《春秋集传》《参读礼志疑》等。

汪绂一生谨守程朱之道，以传承程朱学说为己任。他亦恪守朱子家法，认为此乃千古圣贤所传，程朱理学的核心在于“理一而已”。但是由于异端邪说、记诵辞章之学的影响，程朱理学不明，是非真伪难辨。出于捍卫朱子学的卫道之心，为正本清源，汪绂历时20余年，著有《理学逢源》12卷。《理学逢源》通过搜罗以宋代理学家为主的先儒之言，引经据典，阐发理学精义，用程朱等先儒之言对诽谤先圣之说进行批判，从而扭转世道人心。

汪绂治经，以朱子之是非为是非，做到明体达用，刚大直方，诚为朱子学的坚定捍卫者。“百余年来，仅汪氏一人，能尊朱子而任斯道。”他被誉为“守朱学之干城”，曾国藩评价他“为朱子后一人无疑”，堪称“昭代醇儒”。

明末清初，随着对明朝灭亡原因的反思，阳明心学受到了批判和清算而走向低谷，尊程朱、排陆王成为一大趋势。临川李绂在王学成为众矢之的的情势下，仍笃信王学而不移，毅然以陆王后学自任。他著《朱子晚年全论》，力辩朱陆早异而晚同，以朱就陆，极力为陆王学术争取正统地位，担负起中兴王学之重任，被视为雍乾时期陆王之学的殿军。

李绂（1673—1750），字巨来，号穆堂，抚州临川人。抚州是陆学的故乡，有深厚的崇陆土壤，李绂对心学亦“自早岁即知向往”。他在康熙四十八年（1709）考取进士后步入仕途，历仕康、雍、乾三朝，集文人、理学家、朝官三重身份于一身。

李绂宦历三朝，政绩卓著，特立独行，气节甚傲。雍正元年（1723），李绂因政绩卓著，获得雍正题匾“奉国罄心”之嘉奖，此后历任兵部侍郎、广西巡抚及直隶总督。雍正五年至乾隆八年（1727—1743），他多任编修之职，从事学术研究，编有《八旗通志》《明史纲目》《临川县志》等。

李绂在学术上尊陆诋朱，认为陆子之学始终确守孔子“义利之辨”与孟子“求放心”之旨。李绂极力为陆王学术辩护，认为陆王心学始终遵循儒家孔孟之道，是真正的圣人之学，力图建立起陆王学统，与程朱道统相抗衡。他强调“圣人之学，心学也”，而陆九渊就是孔孟之道的传人，是“直接孟子之传者也”。李绂服膺王阳明的“知行合一”理念，提出了“圣人之学在于躬行而后心得”的学术主张。他说：“学必躬行而后心得，得于心而后推之家国天下，无所施而不当。”这既是对阳明知行合一论的丰富，也是对程朱知先行后说的驳斥。他特别强调“行”的重要性，主张“学以行言”而“不以知言”，以躬行实践为论学之本，深戒空谈心性。钱穆先生也认为：“穆堂论学，极重人伦实务。”

明后期到清顺治时期，“由王入朱”“以朱补王”，朱王门户之争反而有所消停，“不立门户”成为该阶段的一个重要特色；而康熙时期，程朱理学以陆陇其、熊赐履、王懋竑为代表，陆王心学以黄宗羲、彭定求、李绂为代表，他们又开始陷于朱王之间的门户争论。对于由来已久的朱陆异同之争，李绂认为朱陆并无本质的差异，只是入门之方不同而已。“其论学大指，谓朱子道问学，陆九渊尊德性，不可偏废。”后世之人指责陆王心学，并非陆王心学自身存在弊端，不指责程朱理学，也并不意味着程朱理学无瑕疵，而是由于统治者有意提倡，是“势”之所然。

李绂历时20年，完成了《朱子晚年全论》，摘录朱子晚年与其门人、友人论学之文300余篇，以此论证“朱子与陆子之学，早年异同参半，中年异者少同者多，至晚年则符节之相合也”，主张朱陆早异而晚同。李绂所著《朱子晚年全论》是为尊陆诋朱，书中凡朱子称切实、近理用功者，一概归之心学。他又著《陆象山年谱》，考陆氏学派源流，然牵朱学以就陆学。所以，四库馆臣批评李绂对朱熹的研究是牵朱入陆，有党同伐异的门户之见。

李绂一生著述繁富，著有《穆堂类稿》《续稿》《别稿》《春秋一是》《陆子学谱》《陆象山年谱》《朱子晚年全论》《朱子不惑录》《阳明学录》等。遗憾的是，在他去世后，他的著述因为戴名世案而遭封禁。梁启超对李绂的人品极为钦佩，他说“江右之李穆堂，则王学最后一健将也”，对他“不能不崇拜到极地”。他认为“李穆堂却算是陆王派之最后一人了”。钱穆先生曾以“有清一代陆王学者第一重镇推之，当无愧矣”评价李绂。

咸丰、同治以后，随着近代中国民族危机空前加剧，以曾国藩为代表的理学家们打出了“卫道”的旗号，认为导致危机重重的原因是“道德废，人心坏，风俗漓”，其根源则在于乾嘉汉学对程朱理学的排斥。他们提出“欲救人事，恃人才；欲救人才，恃人心；欲救人心，则必恃学术”的口号，试图用程朱理学来“正人心，厉风俗，兴教化”，视程朱理学为“正学”。同治元年（1862），清廷颁发了“昌明正学”“宗尚程朱”等上谕，要求科举取士“悉以程朱讲义为宗”，以期“士习既端，民风斯厚”，并重用倭仁等理学名臣，将张履祥等从祀孔庙。

在这股程朱理学再兴的风潮下，江西出现了饶一夔、黄裳、石景芬、吴嘉宾、刘绎、杨希闵等理学人才。但甲午战争爆发，维新运动兴起，科举的废除和新式学堂的设立对理学无异于釜底抽薪，缩小了其传播的阵地，程朱理学逐渐丧失了其在思想领域的统治地位，江西理学的影响力也随之减弱。

后记

理学是中国儒学发展的高级阶段，孔子所开创的儒学只在汉武帝时开始成为官学，东汉灭亡，儒学也随之衰微。至宋时，宋儒在传统儒学的基础上广泛吸收佛老思想而开创理学，此后理学思想一直影响着中国社会。

江西是理学的心脏地带，理学在此萌生，在此发展。江西理学文化蔚为大观，它是中国理学文化的重要代表，也是江西历史文化的高峰，成为江西一个非常重要的文化符号。

说实话，要在一本六七万字的小书中，向读者介绍浩瀚精深的江西理学文化，实非易事。我们在多年研究成果的基础上，重新梳理了江西理学文化的发展脉络，简要介绍了重要理学家的理学思想和历史影响，虽有挂一漏万之嫌，但对江西理学概貌的描绘应该是完整的。

在本书撰写过程中，部分章节由上饶师范学院周茶仙教授、冯会明教授、刘佩芝教授、胡荣明老师执笔，谨在此致以深深的敬意。感谢陈来教授拨冗作序（导言），感谢审稿专家们提出的宝贵意见，感谢对本书出版付出辛勤劳动的朋友们。此外，还要感谢各方人士提供精美图片，其中个别图片未能联系到作者，在此一并致谢。

由于我们识见有限，疏漏、错讹在所难免，敬请广大读者批评指正。

常　耕　徐公喜

2023 年 1 月

图书在版编目（CIP）数据

理学文化 / 常耕，徐公喜著．-- 南昌：江西人民出版社：江西美术出版社，2023.3

（江西文化符号丛书）

ISBN 978-7-210-14599-8

Ⅰ．①理… Ⅱ．①常… ②徐… Ⅲ．①理学－思想史－研究－江西 Ⅳ．① B244.05

中国国家版本馆 CIP 数据核字（2023）第 021399 号

出 品 人　张德意
项目统筹　梁　菁
责任编辑　章　虹
数字编辑　刘　莉
责任印制　潘　璐
书籍设计　梅家强　胡文欣　先鋒設計
新媒体制作　江西中文传媒数字出版有限公司

江西文化符号丛书　JIANGXI WENHUA FUHAO CONGSHU
理学文化　LIXUE WENHUA

著　者：常　耕　徐公喜
出　版：江西人民出版社　江西美术出版社
地　址：南昌市三经路 47 号附 1 号
邮　编：330006
电　话：0791-86898825
网　址：www.jxpph.com
经　销：全国新华书店
印　刷：浙江海虹彩色印务有限公司
版　次：2023 年 3 月第 1 版
印　次：2023 年 3 月第 1 次印刷
开　本：710 mm×1000 mm　1 / 16
印　张：12.5
ISBN 978-7-210-14599-8
定　价：63.00 元